孙子兵法商业战略

陈德智 著

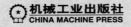
机械工业出版社
CHINA MACHINE PRESS

本书是根据《孙子兵法》的战略思想构建起来的战略管理理论体系，重点讲解了"知彼知己，知天知地"的战略分析，"不战而胜"的战略规划，"以正合，以奇胜"的战略行动，"令之以文，齐之以武"的战略控制，"上下同欲"的战略保障。这五个部分紧密相连，形成一个完整的战略管理闭环体系，将孙子的思想与当今管理案例一起分析，用《孙子兵法》中丰富、缜密的思想应对管理挑战，给管理者以启迪，并促动我们去发现、去思考，产生有价值的灵感。

作为一部带领我们在历史长河中汲取管理思想的作品，本书实践基础深厚，应用性强；大战略系统性强；理论简洁明了、逻辑清晰，容易理解与掌握。本书适合作为商学院、财经学院、管理学院的选修课教材，以及企业中高层管理者的培训教材，也可以作为企业家和公司经理的战略决策与战略行动的重要参考书。当然，也是《孙子兵法》战略研究的专家、学者的重要参考文献。

图书在版编目（CIP）数据

孙子兵法商业战略 / 陈德智著 . — 北京：机械工业出版社，2021.4（2024.1 重印）
ISBN 978-7-111-67998-1

Ⅰ. ①孙… Ⅱ. ①陈… Ⅲ. ①《孙子兵法》— 应用 — 商业经营 Ⅳ. ① F713

中国版本图书馆CIP数据核字（2021）第065674号

机械工业出版社（北京市百万庄大街22号　邮政编码100037）
策划编辑：曹雅君　　　　　责任编辑：曹雅君　侯春鹏
责任校对：郭明磊　　　　　封面设计：MK书装
责任印制：单爱军
保定市中画美凯印刷有限公司印刷

2024年1月第1版第6次印刷
170mm×230mm・17印张・1插页・178千字
标准书号：ISBN 978-7-111-67998-1
定价：75.00元

电话服务　　　　　　　　　网络服务
客服电话：010-88361066　　机　工　官　网：www.cmpbook.com
　　　　　010-88379833　　机　工　官　博：weibo.com/cmp1952
　　　　　010-68326294　　金　书　网：www.golden-book.com
封底无防伪标均为盗版　　　机工教育服务网：www.cmpedu.com

MBA 学生对孙子兵法
商业战略课程的评价与感悟

　　上过了陈教授的孙子兵法商业战略课，才知道《孙子兵法》不仅是非常完整的军事战略分析系统，还能在复杂的商业竞争中进行清晰的战略分析、制定有效的竞争战略。我运用《孙子兵法商业战略》中的"知彼知己、知天知地"的战略分析方法和"以正合、以奇胜"等策略，在研发战略制定、参加 SAP 全球企业家创业竞赛时，均能提供清晰的分析思路和指导，获得佳绩，具有很高的实践价值。

　　　　　　——王洋　2014 级上海交大安泰 MBA，思爱普
　　　　　　　　（SAP）中国资深产品经理

　　现代国家与国家之间、企业与企业之间的竞争，将更多是科技创新的竞争，也就是知识产权的竞争。作为一名知识产权律师，在 2015 年选修了孙子兵法商业战略课程，有幸受陈德智教授教导和启

发，成功运用《孙子兵法商业战略》理论知识，帮助众多企业做好知识产权攻防战。

——郭国中　2014级上海交大安泰MBA，上海段和段律师事务所高级合伙人、知识产权律师；上海市闵行区知识产权协会常务副会长；长三角知识产权发展联盟秘书长

在上海交通大学安泰经济与管理学院读书期间有幸聆听陈德智教授的孙子兵法商业战略课程，对我的工作、生活都有很大帮助。《孙子兵法》这部传承两千多年的经典至今还散发着无穷的魅力，在军事、政治、管理等方面都表现出了它的普适性。本书立足《孙子兵法》战略思想，扎根于商业实践构建出系统、新颖的战略管理理论，是前所未有的，是陈德智教授20多年研究的集大成者，我相信《孙子兵法商业战略》对于绝大多数的人来说，是一本适合陪伴终身的书。

——魏懿晔　2019级上海交大安泰MBA，上海紫竹国家高新区商会秘书长

阿里巴巴的阿里云IDC事业部总裁非常推崇《孙子兵法》，对各级领导者的要求是：智、信、仁、勇、严；《孙子兵法商业战略》这本书系统阐述了《孙子兵法》在现代商业中的应用。经五事：道、天、地、将、法。其中"天"是考察对于客户的争夺，与阿里巴巴企业价值观"客户第一"异曲同工。"知彼知己，百战不殆"，重要是知彼，知道竞争对手的实力，分析自身能力，"多算胜，少算不胜"。

这本书对于新兴行业制定与实施企业战略非常有价值。

——张琴　2019级上海交大安泰MBA，阿里云IDC事业部成本部负责人、高级专家

大道至简。学习《孙子兵法》在商业战略上的实践应用不仅给我提供了一个便于中文记忆的理论分析框架，而且能更高效、精炼并且富有文化认同感与美感地总结出战略要点。蓄形造势，以正合、以奇胜，避实击虚，以镒称铢等拥有丰富内涵的策略，结合案例分析更令人印象深刻。陈老师这部《孙子兵法商业战略》简洁明了，理论系统性和实践应用性很强，特别向读者推荐！

——杨晓蕾　2019级上海交大安泰MBA，花旗金融信息服务有限公司内审质量控制经理

《孙子兵法》成书于春秋末期，当时的时代背景非常类似当前的商战格局，因此，国内外许多成功的企业家特别重视《孙子兵法》战略思想在商业上的运用。陈德智教授研究《孙子兵法》并讲授孙子兵法商业战略课程超过20年，陈教授熟读古籍，跟中外学者交流密切，积累了丰富的商业应用实战案例，几十年的知识积累毫无保留地成书于《孙子兵法商业战略》，值得各界人士收藏并反复研读，绝对受益匪浅。

——张文　2019级上海交大安泰MBA，腾讯科技有限公司总监

仔细阅读了《孙子兵法商业战略》这本书稿，思索着现在的动态竞争环境，切实感受到，陈德智教授历经20多年潜心研究，提出的孙子兵法商业战略理论，能够指导我们在充满不确定性的动态竞争环境下，运用《孙子兵法》的八个战略要素进行动态战略分析、动态战略规划和动态"奇正"战略布局及"以正合、以奇胜""避实击虚"等一系列战略行动，抓住瞬息即逝的商机，取得一个接续一个的竞争优势，实现不战而胜。

——尹韶文　2019级上海交大安泰MBA，比亚迪股份有限公司电力科学研究院院长

这本书不是简单地对《孙子兵法》逐字逐句的翻译或概念套用，而是根据《孙子兵法》的战略思想，通过军事与商业案例并举，紧密结合商业实践，构建出基于《孙子兵法》的战略管理理论，理论模型简单实用，容易掌握，具有非常高的实用价值。读完这本书后，能够更深刻地理解伟大公司是如何制定和实施"不战而屈人之兵"的伟大战略的。

——陈奕　2019级上海交大安泰MBA，上海蔚来汽车有限公司高级经理

2008年我在读大二时选修了陈教授的孙子兵法商业战略课程，当时听这门课时，感觉非常新颖、非常有意思。"知彼知己，知天知地""以正合，以奇胜"等战略也给予我很大启发。在我参与及负责

的设计项目投标竞标前期，根据人员能力专长结合公司设计经验，精准拿捏客户的设计愿景，在极短时间限制内做出最成功的方案。这部《孙子兵法商业战略》著作对赢得业务竞争成功具有非常高的指导价值。

——陈晓曦　2007级上海交通大学本科，英国皇家建筑师协会注册建筑师

序 一

前不久，陈德智老师邀请我为《孙子兵法商业战略》作序，一开始我还有点犹豫，但很快就答应了。犹豫的原因是我确实没有认真研读过《孙子兵法》，而答应是因为这是一个很好的学习机会，可以趁此扫扫盲、了解一下这部举世闻名的"兵经"与商业管理究竟有什么关系。

众所周知，《孙子兵法》成书于2500年前的春秋后期。那是一个硝烟四起、天下大乱的年代。我相信乱世造英雄，同时乱世也造就思想家。因此，在那个战火纷飞的年代产生一部作战宝典，这其实并不奇怪。我想《孙子兵法》之所以能够如此经久不衰，一方面要归功于孙武的天才，另一方面应该也有那个特殊时代的功劳。社会的动荡或急剧变革通常都伴随着新问题、新挑战，而人们对这些问题的深入思考造就了新理论、新思想。在经济管理领域就有很多这样的例子，如1929年经济大萧条带来了凯恩斯理论，战后日本经济社会的重建磨炼出了丰田生产管理体系，等等。现在大家都在说我们正在经历的百年未有之大变局，相信这也是一个产生伟大思想的黄金时代。

作为一部兵书，《孙子兵法》研究的当然是如何带兵打仗，那么它和商业管理又有何关系呢？从最基本的层面来看，打仗和管理都是关于如何利用有限的资源，在复杂多变的环境下，面临敌人或竞争对手有意识的对抗下，去争取在战场或市场上的胜利。正是因为战争和商战有很多相似之处，我们就可以从兵书中得到许多关于商业管理方面的启示，来丰富现有的管理理论，而这恰是陈德智老师在过去的20多年里潜心研究的一个课题。但是，值得大家注意的是，战争与商战也存在着许多不同之处，因此我们不可能指望《孙子兵法》能够覆盖所有商业管理问题，特别是现代企业面临的诸多新的管理挑战。我觉得战争与商战之间最大的不同在于，战场有敌我双方，而市场要复杂得多，除了敌我之外还有顾客，商战的胜负最后是由顾客决定的，因此商战更多的是在顾客的"需求空间"中展开，每一个企业都希望自己能在那个"需求空间"中占据尽可能大的地盘。当然，这个需求空间也会有"复杂的地形"，也会有"山头"与"沟壑"，还会有"伏兵"，而这些又与许多因素有关，有主观因素如顾客的偏好与心情，也有客观因素如其他可替代的产品。但最关键的是顾客的需求空间是"活"的，它也是管理的范畴。还有，战争与商战的另外一个不同就是对"胜利"的理解，战争更多强调的是"零和"，非此即彼，强调的是"消灭"或"投降"，而商战中的"胜利"通常会更"柔和"一些，追求的是一种相对有利的平衡。总之，兵家的思想对于企业家而言，有许多可取之处，可以激发很多联想和新的视角，但仅这些还是不够的，企业家还需要从现代管理理论的巨大宝库中去汲取其他养分。

于我而言，《孙子兵法》给我印象最深刻的是三个字：知，势，奇。孙子曰："知彼知己，胜乃不殆；知天知地，胜乃可全。"首先，知者，视野是也。管理者的视野决定了格局，格局决定了结局。兵圣孙武教导我们不仅要了解自己，更要知晓对手、深谙外部环境。企业管理仿如下一盘棋，如果你的视野只是局限于棋盘之上，很多机会就会从你的指缝间溜走。当前的商业竞争尤其如此，行业边界愈加模糊，真正的机会或许是在行业之间的"处女"地带，因此跨行业的视野就成了一个核心竞争力。其次，势者，时机是也。孙子曰："激水之疾，至于漂石者，势也。"水怎能漂走石头？那是因为急流中所蕴含的能量。一般的流水是冲不走石头的，要待到百川汇成湍急之流方能漂石。这也就是大家经常听说的：在风口上，猪都能飞起来。再次，奇者，善变是也。孙子曰："凡战者，以正合，以奇胜。"正与奇是两种出击的方式，前者属常规性战略，而后者是非常规的、是竞争对手始料不及的。记得有一个经典的哈佛案例讲的就是这个道理，如果一个零售商能把补货周期做到两周之内，而行业标准却是几个月甚至半年，它就能打败群雄而立于不败之地。一个企业要能够在激烈的竞争环境中脱颖而出，靠的不是跟随，而是超越，而超越就是一种非常规的打法。总之，《孙子兵法》可以给我们以无限的遐想，我们可以把其中的理念和实际管理问题相结合，从而获得更开阔的思路和更有效的战略。

《孙子兵法商业战略》旨在为读者提供一个基于《孙子兵法》的战略管理理论体系。陈德智老师用现代管理理论的思维范式来对《孙子兵法》的主要思想进行归纳、梳理，再结合多年的教学、企业调研经验，最后形成一个便于企业家在实践中应用的理论体系。这个理论体系由五个紧密相连的部分组成，即战略分析、战略规划、战略行动、战略控制和战略保障，因此它是一个完整的战略管理理论体系。这既是对读者的负责，也是对《孙子兵法》的尊重。这本书是陈德智老师多年教研心血的结晶，也是他读博时期的一个梦想的实现。因为《孙子兵法商业战略》的"前生"是以讲义的形式被多次用于战略管理的课堂上，所以书中也有各届同学们的贡献。

我想通过阅读《孙子兵法商业战略》，读者们会有以下两个方面的收获。第一，这是一次时空的穿越。一部两千多年前的兵书，总共六千字左右，却有如此丰富、缜密的思想，而且对于现代管理挑战，它显得一点也不过时。我们因此惊叹于古代先贤的伟大以及中华文化的博大精深。第二，这是一次兵家与企业家的对话，一次时隔两千多年的对话。《孙子兵法商业战略》把兵圣孙子的思想和现代管理案例并排列举，让读者去联系、去联想、去发现。尽管战争与商战有不同之处，但这并不妨碍企业家们从兵家的思想中去吸取养分，而且这种跨界的学习往往会带来一些难得的灵感与发现。他山之石，可以攻玉！我们要感谢陈德智老师的辛勤付出，把这本著作奉献给广大读者，为大家建立起了一座通往古代先贤的桥梁。

相信读者们会喜欢《孙子兵法商业战略》！让我们一起在历史的长河中寻找闪亮的思想，并以此来丰富、武装自己，这样当我们面对复杂严峻的问题时，就会多一份信心、多一些沉稳、多一点办法。

陈方若

上海交通大学光启讲席教授

上海交通大学安泰经济与管理学院院长

上海交通大学行业研究院院长

2021 年初春

序 二

陈德智和我是同门博士师兄弟,都有幸受到陈炳富教授的指导和教诲。陈先生1980年担任管理学系首任系主任,以"中与外、古与今、理论与实践、多学科'四结合'和学习数学、外语、计算机'三不断'"的办学理念恢复重建商科教育,积极推动国际化、潜心研究《孙子兵法》《道德经》,倡导企业伦理教育,为管理学科的发展做出了巨大的贡献。陈先生鼓励和要求博士研究生要研究"空白点",敢于探索和创新,以至于先生指导的博士生研究方向多不相同。传承陈先生在《孙子兵法》等中国文化精髓和古代管理思想的博士生少,德智师弟是其中的一位,一直坚持研究20多年,而且注重理论与实践互动、教学和研究互促,功底深厚,定力十足,令我敬佩。

在长期研究的基础上,德智师弟写出这部《孙子兵法商业战略》著作。请注意:书名不是《孙子兵法与商业战略》,直接是《孙子兵法商业战略》,意味着"不是对孙子兵法十三篇的简单解读,而是我根据孙子兵法的战略思想、在历经20多年的学习和调查研究的基础上构建起来的战略管理理论,称为基于《孙子兵法》的战略管理理论。"这很重要,也是本书的价值所在。多数有关古代管理思想的研究成果都是先看当下的管理术语,然后到古代典籍中查找,结论是我们的祖先在多少年前就说了。这样的成果，除了证明我们的祖先厉害之外，能说明什么呢？

德智把《孙子兵法商业战略》书稿发给我，我认真拜读，多有感触，写下来和朋友分享、交流。

《孙子兵法商业战略》构建了基于过程的战略理论体系，战略分析—规划—实施—控制—保障。是理论而不只是工具和手段，更不是一招一式的计策。理论就要强调和具备一定程度的普适性，普适程度越高，应用范围越广，价值也就越大。普适性表现为理论与实践环境的适配，适配程度表现为横向的范围，也表现为纵向的历史长度。学术界把理论分为情境依赖和情境独立两大类，经过几千年历史验证的理论更具有普适性，也多演化为情境独立的理论，考虑理论的情境不能看一时一地，时空情境观更有价值。"孙子兵法战略思想就是产生于2500多年的VUCA和大变局的春秋末期。"书中专门介绍了《孙子兵法》产生的历史背景，在商业实践中的运用，以及德智在上海交通大学MBA教学和企业应用中的总结，验证了《孙子兵法》战略理论的长期适配性。

随着经济持续发展、企业实践不断创新、学术研究队伍不断壮大，验证因果关系的实证研究越来越多，理论也越来越多，各种理论的适用范围或者说普适程度也在快速下降，实践和学术界都渴望找到商业的基本逻辑，探寻理论的根基。这样的探索或者说意识非常重要，做不好的例子很多。例如，很容易把手段当成目的，最简单的例子是为了计划而计划，利润最大化是目的而不注意利润是扩大再生产、持续发展的资源手段，还有，为了目的而不择手段以至于上课教育越来越重视社会责任和伦理道德教育。《孙子兵法》在古代能够树立"不战而屈人之兵，全为上破次之"的战争思想，也是战略思想，这与当今更加强调社会价值、人类福祉、生活美好的管理价值观一致。其实，这种对比不重要，重要的是思考和研究在人类的发展过程中，为什么古代好的战略思想在后续却不能坚守和传承。社会发展日新月异，人类社会经过多次社会转型和跃迁，人类的平均寿命不断延长，但人性的本质没变，从环境、问题、问题解决方法等角度研究古代和外国的管理实践，有利于古为今用、洋为中用。《孙子兵法商业战略》一书努力在这方面做出贡献，除了梳理出基于过程的战略框架，在战略行动等部分的论述也特别提炼了多组思想和工具，也许称得上"道和术"，有助于运用过程中的知行合一。

学术研究追求普适性，但普适性也是有限的。所谓"一方水土养一方人"。经过历史检验得以保存的思想、典籍，自然经过时空检验，也还是会具有对时空情境的依赖。中国几千年的历史，生生不息的中国人不断探索适合自己的发展道路，不断构建和完善能够有利于发展的制度，形成了自己的特色，商业也是如此。管理作为一门历史不长的新兴学科，发展速度很快，学派林立，不管什么身处或相信什么学派，都会有从古代管理思想和文化中汲取营养的愿望，但能够深入研究好古代管理思想的学者不多。德智潜心研究《孙子兵法》20多年，不断地仔细阅读2000多年来注释家的注释、相关历史书籍和现代的研究成果，才使得《孙子兵法商业战略》一书易读易懂，能让人们在理解的基础上引发思考。

战略事关全局和长远，自然需要全局观和战略观。信息社会的兴起以及数字技术的广泛应用和智能商务时代的到来，速度更快，思想观念更加多元，需求和供给更加个性化、多样化，局部、微观、快速成为重点，呼吁长期主义引起共鸣。读《孙子兵法商业战略》让人心静，思考，注重全局，期待早日出版。

在陈先生指导的博士生中，我对古代管理思想研究得少，功力不够，但愿意读。读后不敢写序，把我的读后感分享给朋友。感谢德智把尚未出版的书稿给我，我有幸先读。

张玉利

教育部长江学者特聘教授

南开大学商学院前院长

2021 年 3 月

序 三

我于 2007 年有幸由陈老师指导我的硕士论文。在论文研究与写作过程中，我经常拜访陈老师，请教关于案例研究方法以及论文研究中遇到的问题，偶然一次机会拜读了陈老师给 MBA 学生上课使用的《孙子兵法战略》课程讲义。当时正值我创业不久，瞬间对《孙子兵法战略》产生了浓厚的兴趣，此后也借机多次听陈老师的孙子兵法战略课程。如今回想起来，陈老师根据《孙子兵法》提出的孙子兵法战略管理理论在我十多年创业和经营过程中产生了重大影响。

商业竞争与战争有类似性。陈老师在《孙子兵法商业战略》一书中所凝练出的《孙子兵法》战略精髓即"多"算，"不"战，"全"胜，以及"以正合，以奇胜"等战略，印证了我在经营过程中所做出的正确战略决策。即初创小企业不应该通过价格战获取或维护市场份额，而应该多策划，制定正确的战略，通过创新在狭缝市场中获取新的市场增长点。毕竟，打仗是"玩命"，商业活动是"玩钱"，而价格战即是杀敌一千、自损八百的资源浪费。初创公司的资金实力和资源力量是有限的，在没有把握逼迫竞争对手退出市场的情况下，杀价是拍脑袋的不理智行为。当我公司的原有业务市场涌入更多的竞争对手时，我并没有加入价格战，而是通过增值服务专注于对价格不敏感的高端客户，并将利润投入新产品开发和创新，获取新业务的竞争优势，公司终于获得转型升级。而那些纯粹进行价格战的竞争对手，看似保住了市场份额，结果利润大损，没有多余的资源进行研发和创新，面对不断上升的经营成本，现今都陷入了艰难的发展困境。

我在经营企业的过程中，遇到困惑经常会找陈老师请教，陈老师也经常用孙子兵法战略理论帮我梳理经营中碰到的问题，为我做战略决策提供了坚实理论基础。譬如我在原有公司业务收益尚好的时候，陈老师即提到《孙子兵法》中的"致人而不致于人"，要时刻把握战略主动权，将获得的利润投资于新产品的开发，抢先进入竞争对手尚未关注的市场，从而建立竞争优势，为公司随后的三至五年发展奠定了基础。如今我经营的公司已走上正轨，保持了十多年的稳定发展，在所处的细分市场处于领先地位，并获得了跨国公司的投资。这些都离不开陈老师通过孙子兵法战略理论对我的指导。

陈老师治学严谨，平易近人，始终站在教学科研第一线，在《孙子兵法》战略的教学中，与学生们互动真实的商业案例。这本《孙子兵法商业战略》是陈老师经过20多年潜心学习研究《孙子兵法》战略思想的基础上，开创性地提出了基于《孙子兵法》的商业战略理论；从"知彼知己，知天知地"的战略分析，到"不战而胜"的战略规划、"以正合，以奇胜"的战略行动、"令之以文、齐之以武"的战略控制和"上下同欲"的战略保障，五个战略子模块之间形成清晰、严谨的逻辑关联，从而将整个公司的战略管理塑造成流程性的闭环系统。陈老师所提出的基于孙子兵法的商业战略理论框架，不仅是对《孙子兵法》战略思想的提炼，帮助读者将《孙子兵法》的战略思想解构为实际商业中的战略管理理论模型，更可贵的是该理论框架能够成为广大企业进行战略管理的实操工具。

我非常真诚地向企业家、创业者、企业经营管理者和MBA、EMBA学生推荐《孙子兵法商业战略》这部理论系统性强、实用价值非常高的战略教程。

张诚泉

菲码（江苏）智能科技有限公司总裁

上海威侃电子材料有限公司总经理

2021年3月

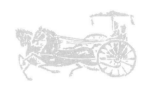

前　言

　　这部《孙子兵法商业战略》不是对《孙子兵法》十三篇的简单解读，而是我根据《孙子兵法》的战略思想，在历经20多年的学习与企业调查研究的基础上，构建起来的战略管理理论。这部著作具有三个突出的特色：

　　第一，实践基础深厚，实践应用性强。《孙子兵法》战略思想在商业竞争中的应用，已有两千多年的实践基础。从我们的商祖——战国时期的白圭到现代企业家任正非、柳传志、张瑞敏、马云等，都把《孙子兵法》作为战略圣经和行动指南。被称为"经营之神"的松下幸之助曾说："中国古代先哲孙子，是天下第一神灵。我们公司职员必须顶礼膜拜，对其兵法认真背诵，灵活运用，公司才能兴旺发达。"我所撰写的《孙子兵法商业战略》这部著作，也是我紧密结合商业战略实践，20多年的学习、研究与教学的结晶，通过经典的军事案例与鲜活的商业案例，通过理论与实践的紧密结合，理解与掌握孙子兵法战略理论，运用到战略实践。

第二,《孙子兵法商业战略》是系统战略理论,大战略系统性强。不仅人们对战略的认知不具有系统性,就连专业学者,也都是从某一视角研究、构建战略理论,同样具有片面性。人们对战略的认知,就像盲人摸象一样。六位盲人说得都对,又都不对。因为他们说的都是一个局部,当把他们6位所摸到的部位按照功能关系整合到一起,才是一头完整的大象。战略学大师明茨伯格把西方战略理论归纳分类出十大学派。所以,当我们机械地学习西方战略管理理论时,也常常感到西方战略理论不适合中国或水土不服;其实,西方人学习西方战略管理理论,也常常陷入片面性或非系统性的陷阱!特别是现在战略管理理论的碎片化,甚至理论之间矛盾化,很难融合到一起成为一头完整的"大象"。《孙子兵法商业战略》由紧密相连的五个部分组成:第一部分是"知彼知己,知天知地"的战略分析;第二部分是"不战而胜"的战略规划;第三部分是"以正合,以奇胜"的战略行动;第四部分是"令之以文,齐之以武"的战略控制;第五部分是"上下同欲"的战略保障。这五个部分按照战略功能构成了完整的、基于《孙子兵法》系统战略思想的、不战而胜的大战略"大象"。

第三,《孙子兵法商业战略》理论简洁明了,逻辑清晰,容易理解与掌握。力图带领读者由简入深,再由深至简,以简洁通俗的语言,透过军事和商业案例分析、理解理论。

孙子曰:"百战百胜,非善之善者也;不战而屈人之兵,善之善者也。"意思是说：通过暴力手段，即便是百战百胜，也不是最好的战略！不通过暴力手段，就能够解决矛盾，才是最好的战略。

20多年前，我师从中国管理学泰斗陈炳富先生，攻读战略管理博士，学习了一门课程，叫"孙子兵法与战略管理"。当时的课程也只是讨论《孙子兵法》的战略思想与西方战略管理理论，并没有建立起基于《孙子兵法》的战略理论体系。从那时起，我就把建立孙子兵法战略理论体系作为自己的使命，20多年来，我一直专注于孙子兵法战略的研究与教学，紧密结合实践，深入实践做了大量调查研究，构建出基于《孙子兵法》的战略理论，并开发出孙子兵法商业战略课程。这些课程一直都非常受MBA、DBA学生和企业家欢迎。

最近，一个关乎管理的缩略词很抢风头，就是VUCA，即波动性（Volatility）、不确定性（Uncertainty）、复杂性（Complexity）和模糊性（Ambiguity）。如果想用一个词表达"天哪，那里真是一团糟"，那就是"VUCA"。面对一个VUCA世界，我们真的会束手无策吗？

而最近，更有一个变局，被称为"大变局"，面对大变局时代，传统的战略理论似乎都变得很无奈！

那么，面对VUCA世界、大变局时代，孙子兵法战略能让我们应对吗？能！因为，《孙子兵法》的战略思想就是产生在2500多年前的VUCA和大变局的春秋末期。

孙子曰："夫兵形象水，水之形，避高而趋下，兵之形，避实而击虚。水因地而制流，兵因敌而制胜。故兵无常势，水无常形，能因敌变化而取胜者，谓之神！"

让我们一起学习孙子兵法战略理论，在充满竞争、复杂多变的商业社会环境下，随机应变，不战而胜！

陈德智

2020 年秋于上海

目　录

MBA 学生对孙子兵法商业战略课程的评价与感悟
序一
序二
序三
前言

第 1 章
孙子与《孙子兵法》概况

  1.1 孙子：兵圣孙武 003
  1.2 《孙子兵法》：兵经十三篇 005
  1.3 《孙子兵法》在商业实践中的运用 010
  1.4 《孙子兵法》产生的时代背景 013

第 2 章
"知彼知己，知天知地"的战略分析

  2.1 "经校算"的竞争力分析框架 027
  2.2 经五事：五个战略要素的竞争力分析 029
  2.3 校之以计：八个战略要素的竞争力分析 033

2.4　一曰度，二曰量，三曰数：战略资源分析　　040
　　2.5　知彼知己，知天知地：综合战略分析　　042

第 3 章
"不战而胜"的战略规划

　　3.1　不战而屈人之兵：最完美的战略目标是不战而胜　　049
　　3.2　致人而不致于人：要时刻把握战略主动权　　057
　　3.3　主不可以怒而兴师：理性决策与慎重行动　　063
　　3.4　以"凝聚力"为核心的战略规划　　066

第 4 章
"以正合，以奇胜"的战略行动

　　4.1　知胜有五：战略评估　　075
　　4.2　形、势、节：战略布局　　079
　　4.3　伐谋、伐交、伐兵、攻城：策略选择　　093
　　4.4　以镒称铢：集中资源与能力　　104
　　4.5　避实击虚：蓝海策略　　107
　　4.6　以正合，以奇胜：守正出奇策略　　111
　　4.7　以迂为直：间接路线策略　　124
　　4.8　通九变：权变策略　　129
　　4.9　取用于国，因粮于敌：低成本策略　　137
　　4.10　善用兵者，譬如率然：一体化策略　　142
　　4.11　地形：六种特征市场的竞争策略　　146
　　4.12　九地：跨区域竞争策略　　150

  4.13 以火佐攻者明：广告轰炸 155

  4.14 以水佐攻者强：市场冲击与市场渗透策略 162

第 5 章
"令之以文，齐之以武"的战略控制

  5.1 令之以文，齐之以武：战略控制的总原则 171

  5.2 智者之虑，必杂于利害：风险控制 172

  5.3 兵贵胜，不贵久：质量、效率与成本控制 187

  5.4 深涧不能窥，智者不能谋：情报安全控制 190

  5.5 勇者不得独进，怯者不得独退：士卒心理与行为控制 195

第 6 章
"上下同欲"的战略保障

  6.1 将之五德：最重要的战略保障 201

  6.2 上下同欲：最根本的战略保障 209

  6.3 知彼知己，知天知地的情报网络：最基本的战略保障 219

  6.4 组织与资源：最关键的战略保障 230

第 7 章
孙子兵法商业战略理论模型

  7.1 基于《孙子兵法》的商业战略理论框架 235

  7.2 《孙子兵法》的战略精髓："多"算、"不"战、"全"胜 240

后记

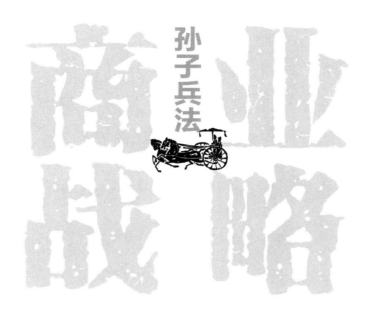

第 1 章

孙子与《孙子兵法》概况

自古谈兵者，必首《孙武子》。

——茅元仪（1594—1640 年）

吾治生产，犹伊尹、吕尚之谋，孙、吴用兵，商鞅行法是也。

——白圭（公元前 370—前 300 年）

孙子的书要言不烦，最容易掌握重点，企业界人士，尤其是后起之秀，若能熟读深思，则也许要比读一百本现代人所写的书更为有益。

——钮先钟（1913—2004 年）

1.1 孙子：兵圣孙武

孙武，字长卿，生于春秋末期齐国乐安一个贵族家庭。孙武详细的生卒年月，已难确切考证。从司马迁《史记·孙子吴起列传》中"西破强楚，入郢，北威齐晋，显名诸侯，孙子与有力焉"来看，孙子大显身手的活动时期当在公元前512至前482年。其时为社会大动荡、大变革的春秋末期，与生于公元前551年，卒于公元前479年的孔子为同期人物。[一]

孙武的祖先大多是齐国的高官。孙武是陈国（今河南省开封以东，安徽亳州以北，都城宛丘，今河南省周口市淮阳县）公子完的后代。因内乱，公子完逃奔齐，以国为姓，称陈完。当时为齐桓公执政，拟聘陈完为卿，陈完辞让。后食采邑于田，故又称田完[二]，卒谥敬仲。

[一] 【春秋】孙武原著，周亨祥译注．孙子全译，贵阳：贵州人民出版社，1992年版前言第1页。

[二] 《索隐》曰："陈""田"二字声相近，遂以为"田氏"。《集解》曰：始食采地于田（田是地名），由是改为"田氏"。《正义》案：陈完既奔齐，不欲称本国故号，故改为田。

敬仲完四世孙为桓子无宇。无宇生二子，一为田桓，一为田书。田书事齐景公，为大夫，在齐国攻打莒国（现山东省日照市莒县）等战争中，因战功显赫，齐景公把乐安分封给田书并赐姓孙氏，食采邑于乐安。田书子名凭，字起宗，齐卿；凭生武，字长卿。孙武有三个儿子：孙驰、孙明、孙敌。孙膑是孙明之子，孙武之孙（一说是曾孙）。^{○一}孙武世系简谱如图1-1所示。

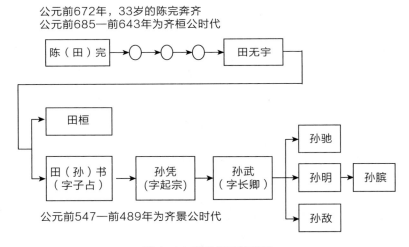

图1-1　孙武世系简谱图

资料来源：刘伶主编.白话孙子兵法读本，沈阳：白山出版社，1990年版导语第2页。

公元前532年，田氏联合鲍氏，灭执政的旧贵族国惠子、高昭子，在这政治斗争的漩涡中，孙武为避难而出奔，到南方吴国。^{○二}

○一　刘伶主编.白话孙子兵法读本，沈阳：白山出版社，1990年版导语第2页。
○二　【春秋】孙武原著，周亨祥译注.孙子全译，贵阳：贵州人民出版社，1992年版前言第2页。

孙武到吴国后，传说曾在吴国都城郊外穹窿山隐居（穹窿山位于江苏省苏州市西部，跨吴中区光福、木渎和胥口三镇），过耕读生活，专心撰写兵法十三篇。

1.2 《孙子兵法》：兵经十三篇

据《吴越春秋·阖闾内传》记载，孙武到吴国，便在都城附近"避隐深居，世人莫知其能"。㊀公元前522年，伍子胥为避难自楚奔吴，㊁受到吴公子光的礼遇。伍子胥向公子光推荐了剑客专诸，后伍子胥"退而耕于野"。就在这个时候，孙武与伍子胥相识并成为知己。

公元前514年，公子光使专诸刺杀吴王僚成功，自立为王，是为吴王阖闾。阖闾元年，即任命伍子胥为行人（相当于现代的外交大臣）。吴王阖闾欲争霸诸侯，决心同实力强大的楚国作战，但缺乏大智大勇的骁将。据《吴越春秋》记载，伍子胥七次向吴王阖闾举荐孙武。㊂

在伍子胥的力荐下，孙武于公元前512年以兵法十三篇晋见吴王阖闾。《史记·孙子吴起列传第五》记载：孙子武者，齐人也。以兵法见于吴王阖庐。阖庐曰："子之十三篇，吾尽观之矣，可以小试勒兵乎？"对曰："可。"阖庐曰："可试以妇人乎？"曰："可。"

㊀ 张觉译注.吴越春秋译注,上海：上海三联书店，2013年版第29页。
㊁ 【春秋】孙武原著，周亨祥译注.孙子全译，贵阳：贵州人民出版社，1992年版前言第2页。
㊂ 张觉译注.吴越春秋译注,上海：上海三联书店，2013年版第29页。

于是许之，出宫中美女，得百八十人。孙子分为二队，以王之宠姬二人各为队长，皆令持戟。令之曰："汝知而心与左右手背乎？"妇人曰："知之。"孙子曰："前，则视心；左，视左手；右，视右手；后，即视背。"妇人曰："诺。"约束既布，乃设铁钺，即三令五申之。于是鼓之右，妇人大笑。孙子曰："约束不明，申令不熟，将之罪也。"复三令五申而鼓之左，妇人复大笑。孙子曰："约束不明，申令不熟，将之罪也；既已明而不如法者，吏士之罪也。"乃欲斩左右队长。吴王从台上观，见且斩爱姬，大骇。趣使使下令曰："寡人已知将军能用兵矣。寡人非此二姬，食不甘味，愿勿斩也。"孙子曰："臣既已受命为将，将在军，君命有所不受。"遂斩队长二人以徇。用其次为队长，于是复鼓之。妇人左右前后跪起皆中规矩绳墨，无敢出声。于是孙子使使报王曰："兵既整齐，王可试下观之，唯王所欲用之，虽赴水火犹可也。"吴王曰："将军罢休就舍，寡人不愿下观。"孙子曰："王徒好其言，不能用其实。"于是阖庐知孙子能用兵，卒以为将。西破强楚，入郢，北威齐晋，显名诸侯，孙子与有力焉。

公元前512年，正是周王室衰微，大国争霸，礼崩乐坏，社会大动荡、大变革的春秋末期。《孙子兵法》就是诞生在这个时期（见图1-2所示）。

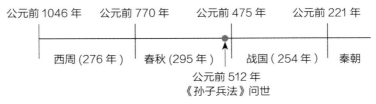

图1-2 《孙子兵法》问世的时代

从公元前 532 年奔吴到公元前 512 年见吴王阖闾，孙武在吴国深居达 20 年之久，十三篇当是他 20 年潜心研究战争艺术的结晶。[一]由于孙武对战争研究之博大精深，在与吴王阖闾对话中，孙武以言论恢宏豁达、精辟新颖而得到吴王阖闾的高度赏识并委以重任。面对强大的楚国，孙武采取"扰楚、疲楚"的战略方针，削弱其实力，然后"攻其无备，出其不意"，从唐国、蔡国迂回楚国之侧后，五战入郢，实现"西破强楚"之功。公元前 484 年，吴军在艾陵重创齐军；公元前 482 年，黄池会盟，吴国取代了晋国的霸主地位。

在吴国"北威齐晋"时，已是阖闾之子夫差当政。夫差昏聩，伍子胥被杀；孙武便离开吴国而隐遁山林，此后不知所终，为不解之谜。

孙武是中国兵家之鼻祖，是世界范围内言兵的圣人，也是人类古代最伟大的军事战略家。国内外学人称孙武为"兵圣"，称《孙子兵法》为"兵经"或"武经"。[二]孙武不仅是 2500 多年以来中外历史上威武雄壮的战争的"幕后导演"，而且成为当今世界各国军事家、政治家、企业家等的"座上宾"。《孙子兵法》的军事与战略等思想已被广泛

[一] 【春秋】孙武原著，周亨祥译注. 孙子全译，贵阳：贵州人民出版社，1992 年版前言第 2 页。

[二] "兵经"一词最早出现于南北朝（420—589 年），刘勰《文心雕龙·程器》曰："孙武兵经，辞如珠玉。"《隋书·经籍志》录有张子尚《孙子兵经注》二卷；唐人赵蕤《长短经》引《孙子》《六韬》《三略》有称"经"；北宋神宗元丰三年（公元 1080 年）诏命国子监司业朱服和武学博士何去非等人"校定《孙子》《吴子》《六韬》《司马法》《三略》《尉缭子》《唐太宗李卫公问对》等书，镂版行之"（南宋李焘《续资治通鉴长编》卷 303），从此，以《孙子兵法》为代表的七部兵学著述，就被正式定名为兵家经典著作《武经七书》，该书成为中国古代第一部由官方校刊颁行的兵学理论教科书。

地用于军事、政治、商业经济等各个领域，在中国，《孙子兵法》的名言警句已近乎妇孺皆知。《孙子兵法》共计十三篇（1，计篇；2，作战篇；3，谋攻篇；4，形篇；5，势篇；6，虚实篇；7，军争篇；8，九变篇；9，行军篇；10，地形篇；11，九地篇；12，火攻篇；13，用间篇），约6000字，包括缜密的战略分析，不战而胜的战略追求，努力实现不战而胜的各种策略与战术，其博大精深的战略思想和切实的战略战术不仅指导了众多中外战争，也一直被政治家、军事家、企业家等奉为战略圣经及行动指导。而作为战略思想理论，其"不战而屈人之兵"的战略高度，已达到人类战略思想理论的最高境界！

早在战国时代，《孙子兵法》就广为流传，"境内皆言兵，藏孙、吴之书者家有之"（《韩非子·五蠹篇》）。汉代，《孙子兵法》成为军官的教科书，隋唐则被尊为兵经。三国时期的曹操曾说："吾观兵书战策多矣，孙武所著深矣。"㊀并对《孙子兵法》进行了详细的注释。唐太宗李世民曾说："朕观诸兵书，无出孙武。"㊁而据《史记》记载，孙膑、赵奢、韩信、黥布等历史著名的军事家或将领，更是直接以《孙子兵法》来指导战争，取得辉煌战绩。作为军事将领，若论"功业"，孙武比不上吴起、李广、卫青、霍去病等历代名将的建树，但作为军事理论家，孙武却能雄视千古，独享盛誉。㊂《孙

㊀ 吴如嵩，苏桂亮主编.孙子兵法大辞典，沈阳：白山出版社，2015年版第469页。
㊁ 吴如嵩，苏桂亮主编.孙子兵法大辞典，沈阳：白山出版社，2015年版第469页。
㊂ 【春秋】孙武原著，周亨祥译注.孙子全译，贵阳：贵州人民出版社，1992年版前言第5页。

子兵法》是我国春秋时期兵学理论的集大成著作，是我国也是世界第一部系统完整的军事理论著作。正如明朝茅元仪在《武备志·兵诀评》中所说："前孙子者，孙子不遗；后孙子者，不能遗孙子。"由此，可见《孙子兵法》的巨大价值。㊀

从 2500 年前直到今日，《孙子兵法》不仅在军事、政治上，而且在商业等竞争中，都具有很高的理论价值和实际指导意义。美国学者小乔治在其所著的《管理思想史》中说："《孙子兵法》大约写于公元前 500 年，是世界上最古老的军事著作。目前，虽然马拉战车已不再被使用，武器也改变了，但这位古代军事家的观点还继续有用。因为他所论述的是一些基本原理。对那些愿意研究他的兵法的军事领导人和现代管理者来说，他的兵法仍能提供有价值的指导作用。"㊁

20 世纪最负盛名的战略学家李德·哈特（Basil H.Liddell Hart，1895—1970 年）常被称为 20 世纪的克劳塞维茨，著作等身，名满天下，（钮先钟认为）是一位有资格和孙子相比较的现代战略学大师。李德·哈特认为："孙子的《孙子兵法》为世界上最古老的兵书，但其内容的渊博和了解的深入却无人能及，那可以称之为有关战争指导的智慧精华。过去所有一切的军事思想家之中，只有克劳塞维茨可以与其比较，但即令如此，克劳塞维茨也还是比孙子'过时(dated)'，有一部分更

㊀ 吴如嵩，苏桂亮主编.孙子兵法大辞典，沈阳：白山出版社，2015 年版第 476 页。

㊁ 【美】克劳德·小乔治著，孙耀君译.管理思想史，北京：商务印书馆，1985 年版第 18 页。

是陈旧（antiquated），尽管克劳塞维茨的书是在两千多年以后才写的。孙子有较清晰的眼光，较深远的见识和永恒的新意。""孙子使我认清楚了基本的军事观念不受时代影响，甚至于连战术性的操作亦复如此。"㊀

著名战略学家钮先钟认为，孙子是一位治学态度相当严谨的学者，此种态度在古代尤其难能可贵。从现代学术标准来看，他的书也应该获得高度的评价。综合而言，《孙子兵法》十三篇是全世界有史以来第一部真正的战略思想著作，其在战略研究领域中所居的地位是任何其他著作所不能及的。㊁

1.3 《孙子兵法》在商业实践中的运用

《孙子兵法》应用于商业实践由来已久，据《史记·货殖列传》记载，早在2000多年前的战国时期，商圣白圭（公元前370—前300年）说："吾治生产，犹伊尹、吕尚之谋，孙、吴用兵，商鞅行法是也。"指出他从事商业活动用的是《孙子兵法》打仗的原理。司马迁也指出，白圭经商不是盲目行动："白圭其有所试矣，能试有所长，非苟而已也。"司马迁所谓的"试"，就是指白圭将《孙子兵法》试用于经商。

㊀ 引自 Sun Tzu:The Art of War（牛津大学出版社1963年版）这部书的序言。
㊁ 钮先钟著.孙子三论，桂林：广西师范大学出版社，2003年版导言第24页。

当时，正值战国时期，《孙子兵法》广为流传，当时人们学习《孙子兵法》，主要是为了打仗。而白圭则看到了兵法对商业经营活动的指导价值，从而把《孙子兵法》运用到他的经商实践中。白圭把《孙子兵法》中适用于经商活动的普遍原则概括为"智足与权变，勇足以决断，仁能以取予，强能有所守"。白圭取得商业上的巨大成功，被后世尊为"商圣"。

被誉为经营之神的松下幸之助说："中国古代先哲孙子，是天下第一神灵。我们公司职员必须顶礼膜拜，对其兵法认真背诵，灵活运用，公司才能兴旺发达。"㊀

国际著名投资家、软银银行集团董事长孙正义酷爱《孙子兵法》，在病卧中也要坚持捧读，琢磨为什么兵法十三篇第一篇是计篇，这是因为万事从分析、计划开始。《孙子》前面六篇全部讲了战前准备，孙正义认为，战前准备到位，打仗的结果就不言而喻。他还把孙子语录作为厂训放在大门口：一边是"胜兵先胜而后求战"，另一边是"败兵先战而后求胜"。他将孙子的精髓应用到软银的一次次投资、并购中。孙正义说："如果没有《孙子兵法》，就没有我孙正义。"㊁

著名企业家任正非、张瑞敏、柳传志、马云、雷军等都熟读《孙子兵法》，并运用于公司战略管理实践中，取得世人瞩目的成绩。马云在杭州 G20 峰会接受采访时说："我以前看书不算多，但比一般

㊀ 吴如嵩，苏桂亮主编.孙子兵法大辞典.沈阳：白山出版社，2015 年版第 494 页。
㊁ 那春生.孙正义与《孙子兵法》，https://www.jianshu.com/p/04d2cf89b6b2.

人要多。我看书跟人家不一样，我有时候一本书可以看很长时间，比方说《道德经》《孙子兵法》，一章一节我可能会思考一年，翻来覆去地看这件事情。"

张瑞敏说，他最爱读的三本书是《老子》《论语》和《孙子兵法》。张瑞敏从《孙子兵法》的战略思想中悟出了"谋势而后谋利"的经营之道，并把它运用到企业经营之中。张瑞敏深知"兵无常势，水无常形"之理，曾对记者说："孙子说'兵无常势，水无常形'，外面天天变，你必须跟得上这些变化，直至走到变化前面去，做到以变制变。"张瑞敏"以变制变"的求变思想是海尔不断创新发展的内动力。张瑞敏深切领悟《孙子兵法》的"上下同欲者胜"，对待员工要"三心换一心"，即：解决疾苦要热心，批评错误要诚心，做思想工作要知心，用这三心换来员工对海尔的铁心。张瑞敏说："世界上最无价的东西是人心。""企业是人。"⊖

雷军认为："若想成大事，有三条秘诀：预判未来、在对的时间做对的事情、顺势而为。顺势而为讲的是什么呢？《孙子兵法》里提到，在山顶上有一块石头，我顺势而为，跑去踢上一脚，剩下的事情不用做太多，它自己就滚下来了。"⊖

《孙子兵法》在商业实践中的运用，由来已久。多年来，有无数

⊖ 孙宝连.张瑞敏的谋势经营哲学及其启示，2009年第2期，第40-44页。
⊖ 雷军口述，符星晨整理.雷军终极反思：运气有多重要，创业邦，2010年8期第23-25页。

中外企业家喜欢读《孙子兵法》并在实践中受到启发。

管理学家大前研一认为："如果从闻名于世的'日本式经营'的特点来看，里面色彩更浓的是《孙子》中的思想，而非是对我们的生活方式及价值观影响很深的'儒教'思想。《孙子》一书中几乎包罗了所有日本式经营的要求。我作为企业参谋，常年从事国内外著名企业的咨询业务，但我从未见过哪本书能像《孙子》那样为我们提供如此丰富的经营管理思想。这本谈论战略的书籍是用极其精练的语言写成的，里面有着取之不尽的战略思想，每回读它，我都会涌现出无限的联想。"㊀

著名战略学家钮先钟说："孙子的书要言不烦，最容易掌握重点，企业界人士，尤其是后起之秀，若能熟读深思，则也许要比读一百本现代人所写的书更为有益。"㊁

1.4 《孙子兵法》产生的时代背景

在中国的远古神话中，人们把燧人氏、伏羲氏、神农氏合称为"三皇"；把黄帝、颛顼、帝喾、唐尧、虞舜合称为"五帝"。㊂约在

㊀ 大前研一.日本企业家视孙子为经营的最高典范，当代企业，1992年第3期。
㊁ 钮先钟著.孙子三论，桂林：广西师范大学出版社，2003年版第269页。
㊂【汉】司马迁撰，韩兆琦等评注.史记，长沙：岳麓书社，2004年版第1—20页。

4000多年前，黄帝战胜了蚩尤，被各部落推崇为共同首领。中国古代的传说都十分推崇黄帝，同时，由于炎帝族和黄帝族原本是近亲，后来又融合在一起，因此，我们称自己为炎黄子孙。夏禹（公元前2070年）至西周末（公元前770年）1300年的历史长河中，形成了地域广阔、经济发达的奴隶制社会。

公元前1046年，㊀周武王以姜太公为军师，率军五万与纣王会战于距朝歌约70里的牧野，纣王的奴隶与囚犯们没有战斗力而纷纷倒戈，纣王大败，逃回朝歌，自焚于鹿台，商亡。历史进入西周时期。

1. 周王室衰微，大国争霸

（1）分封诸侯、以蕃屏周

周武王灭商后，征服商朝各地诸侯。武王死，子姬诵继位，为成王；因成王年幼，由武王弟周公旦摄政。武王、周公、成王先后分封71个诸侯国，其中宗族者为55。分封诸侯的目的，完全是出于巩固周王室政权的需要，"以蕃屏周"㊁和"以亲屏周"㊂，即在周天子国的周围分封给同姓（姬姓）宗族者，并以同姓宗族者包围在异性诸

㊀ 白立超.牧野之战，文史天地.2019年4期第77-81页。牧野之战发生的年代具有争议，见温玉春等.牧野之战时间考，河北学刊.2007年5期第93-96页；蔡克骄.牧野之战的时间与地点，温州师范学院学报（哲学社会科学版）.1995年5期第47-48页等文献。

㊁ 杨伯峻编著.春秋左传注·昭公九年，北京：中华书局，2009年版第1308页。

㊂ 杨伯峻编著.春秋左传注·僖公二十四年，北京：中华书局，2009年版第425页。

侯国周围，以防止异性诸侯叛乱。受封的诸侯国须向周王室纳贡并保卫王室。周王为天下共主，为周天子。

（2）武王驾崩、周公平乱、成康盛世㊀

公元前1043年，周武王驾崩，姬诵继位，为周成王，周公旦摄政。周公旦摄政后不久，管叔鲜和蔡叔度等人怀疑周公旦另有所图，到处造谣生事，说周公旦欺负年幼的成王，企图篡权夺位。见此情景，商纣王的儿子武庚认为有机可乘，就与管叔鲜、蔡叔度等勾结，反叛周朝。于是，周公旦奉成王之命，率军东征平乱；经过三年的苦战，终于平定了叛乱。武庚、管叔鲜等人被诛杀，蔡叔度被流放到边远地区。

成王继位后，周公旦根据武王遗愿，在洛邑建立了周朝在东方的国都。

"以蕃屏周"和"以亲屏周"取得了非常良好的效果。周公旦摄政期间，创立了一系列制度，制定了周王、诸侯、官员、臣民应当享受的权利和应当遵守的礼仪。社会稳定，经济开始繁荣，天下呈现出太平景象。

周成王死后，子姬钊继位，为周康王（西周第三代君王）。周成王与周康王期间，社会安定、百姓和睦，"刑错四十余年不用"，安居乐业，为西周盛世，史称"成康之治"。

㊀ 【汉】司马迁著；翟文明主编.史记故事，北京：华文出版社，2009年版第20-21页。

周王朝统治稳固。

（3）周王朝衰落、周厉王毁国

周康王死后，子姬瑕继位，为周昭王（西周第四代君王）。周昭王时期，文王和武王以来形成的治国方略已不能适应新的形势，周王朝开始走下坡路，周王朝国势衰落。

周昭王死后，子姬满继位，为周穆王（西周第五代君王）。周穆王出兵攻打犬戎抢掠财物。此后，荒远地区的民族不再来朝拜进贡了。周穆王在位6年去世，子姬繄扈继位，为周共王（西周第六代君王）。周共王在位期间，国家财政空虚，周共王陆续将土地分封给诸侯与大夫，周国直接控制的土地越来越少，周王朝国势继续衰落。

又经过三代，到了西周第十代君王周厉王时期。

周厉王姬胡（公元前904年—前829年），周夷王姬燮之子，西周第十位君主，在位时间为公元前879年—前843年。周厉王在位期间，一是与民争利。任用贪图私利的荣夷公执掌朝政，并以国家名义垄断山林川泽，不准国人（指工商业者）依山泽而谋生，严重损伤了"国人"的利益，引发了"国人"强烈的不满。二是限制国人言论。面对"国人"的强烈不满，周厉王委派大量特工，监视"国人"，一旦发现私下谈论朝政、发泄不满言论，杀无赦。这导致国人见面不敢打招呼，在路上碰见了熟人也只是交换眼色；前来朝拜的四方诸侯也渐渐少了。致使百姓起来反叛，公元前841年，周国人联合袭击周厉王，周厉王逃到彘地（今山西霍县东北），最终死于彘地。㊀周厉王死后，子姬静继位，为周宣王。

（4）烽火戏诸侯、西周灭亡

周宣王死后，子姬宫湦继位，为周幽王（西周第十二代君王，公元前782年—前771年在位）。周幽王昏庸，宠信贪财阿谀奉承之人主持朝政，导致民怨鼎沸。宠爱美女褒姒，废掉申王后和太子宜臼，立褒姒为王后，立褒姒的儿子为太子。宜臼和母亲逃回申国。

褒姒是个冷美人，幽王竟然下令点燃烽火台以取笑褒姒，临近的诸侯见烽火台浓烟滚滚，以为敌人犯境，急忙领兵来救。周幽王三番五次戏弄诸侯。公元前771年，申侯对周幽王废掉申后很气愤，就联合缯国、犬戎一起攻打镐京，周幽王再次点起烽火，再无诸侯来救，申侯杀死幽王，西周灭亡。㊁

（5）周王室衰微、大国争霸

公元前770年，申侯与其他诸侯共同拥立原太子宜臼为王，即周平王。周平王为躲避犬戎的侵袭，于是在秦国军队的护送下，将都城东迁到洛邑（今河南洛阳）。㊂东迁之后的周朝，史称东周。周平王

㊀【汉】司马迁撰，韩兆琦等评注.史记·周本纪第四，长沙：岳麓书社，2004年版第68页。

㊁【汉】司马迁著，翟文明主编.史记故事，北京：华文出版社，2009年版第24–25页。

㊂【汉】司马迁著，翟文明主编.史记故事，北京：华文出版社，2009年版第25页。

在郑武公、晋文侯的辅佐下，勉强支撑残局。东周开始的这一年，便是春秋时期的开端。

由于大片故土丧失，周王朝仅仅拥有今河南西北部的一隅之地，东不过荥阳，西不跨潼关，南不越汝水，北只到沁水南岸，方圆只有六百余里，地窄人寡，与方圆数千里的大诸侯国相比，它只相当于一个中等诸侯国而已。周王朝因此大大衰落。郑、晋、齐、鲁、燕、宋、楚等大国为了争夺土地、人口和对其他诸侯国的支配权，相互之间不断进行兼并战争，形成诸侯争霸的纷乱局面，中国历史进入一个大变革的动荡时期。

2. 政治背景

周天子式微，大国争霸。周王王权下移，诸侯以霸主之位号令诸侯，强者为尊，胜者为右。这一近三百年的历史阶段，是奴隶制向封建制转轨时期。如同任何一个时期的社会大变革一样，春秋时期是历史上一个空前的大变革、大动荡而又充满勃勃生机的时代，历史上称这种变化为"礼崩乐坏"，它是相对于礼乐制度严密的西周社会而言的。

所谓礼，是指先秦的《仪礼》《周礼》和《礼记》这"三礼"，是周朝礼乐制度的重要典范，是当时的价值观体系和制度体系的集大成。礼崩，则是指周朝的社会意识形态遭遇到了危机，当时的以"慈""忠""孝"等为核心的社会价值体系全面崩溃。其礼制体系和观念受到诸子百家的挑战，整个社会失去了控制。在音乐方面也失去了主导的权力，产生了诸多不合理的现象，即乐坏。

周初，政治稳定，严格等级的礼乐制度是人们日常生活的准则，礼成为节制人们心性的手段，乐是调和生活的工具；礼乐刑政的完美结合，成为周王朝的治理方略。但是，随着社会的发展，周王室逐渐衰落。

孙武生活的时代为春秋晚期。此时，中国的社会形态正处在由奴隶社会逐渐向封建社会过渡的社会变革期。中国的奴隶社会在经历了夏、商、西周一千多年的发展后，开始逐渐瓦解。至春秋晚期，周王室以宗法和亲缘所维系的君臣关系已衰落殆尽，各诸侯国拥有军队，独立为政，周天子王权名存实亡，已失去对各封国的控制。由于各诸侯国经济、政治、军事力量发展的不平衡，出现了诸侯兼并、大国争霸的形势。[一]

从本质上看，这一时期诸侯兼并、大国争霸战争是封建制生产关系同落后的奴隶制生产关系之间的斗争。春秋晚期，虽然各诸侯国整体上仍属于奴隶制生产关系，但封建制生产关系已经萌生且有所发展。由于各诸侯国间政治、经济、文化等因素的差异及影响，各诸侯国内的封建制生产关系发展程度等等不一。有的诸侯国封建制生产关系发展较早、较为充分，而有的诸侯国封建制生产关系则发展得较为迟缓。由于封建制生产关系在当时代表着先进的生产力，能够极大地促进当时生产力的发展，因此，封建制生产关系发展得相对充分的诸侯国往

[一] 吕超等.从春秋晚期的历史条件看《孙子兵法》的形成，科教导刊（下旬）.2019年第8期第153页。

往国力比较雄厚，军事实力较强。这些实力较强的诸侯国就会进一步对那些较弱的诸侯国产生利益诉求，从而进行攻伐、兼并，最终爆发战争。

总体而言，春秋晚期社会政治生活的主体内容是各诸侯国之间利益的博弈和对抗，这种博弈和对抗便为战争埋下了诱因。"战争是政治通过另一种手段（即暴力）的继续"，当诸侯国间的矛盾激化到一定程度，就必然会爆发战争。

3. 春秋晚期的技术与经济

春秋晚期，由于铁制农具和牛耕的进一步应用，以及灌溉等农业技术的改进，农业生产效率得到较大提升，从而使社会生产力得到了较大的发展。这一时期，在冶铁鼓风炉上有了很大的改进，并在此基础上创造了铸铁冶炼技术、铸铁柔化技术和渗碳制钢技术。这些技术的出现为铁农具的大量生产和使用创造了条件，而铁农具的广泛使用又推动了耕作技术的进步，牛耕技术开始出现并得到推广。在水利灌溉方面的技术进步也很突出。春秋战国时期由于生产力的提高，农业和手工业的发展，商业也发达起来。由于社会分工日益细化，农民除了粮食、布匹、菜蔬以外，农具和若干实用物品都需要从市场购置。手工业者制造出来的农具、陶器、木器、皮革也都投到了交换领域。由于各个诸侯国和各个地区间商品交换的需要，交通工具有了进步。

春秋末期商品经济的大发展把许多农业生产者和手工业者卷入了

激烈的市场竞争之中。竞争的压力促使生产者不断地提高劳动生产率和产品质量。而提高劳动生产率和产品质量的最为有效的方法就是改进生产工具和生产技术。因而，商品经济的发展是这一时期技术进步的强大动力。

春秋时期，各国之间的竞争特别是军事斗争日益激烈。自周平王东迁洛邑以来，由于王室衰微，无力控制诸侯国。各诸侯国便乘机凭借实力，相互进攻，掠夺对方的土地和人口。仅先后起来争为诸侯霸主的就有五国，即齐、晋、楚、吴与越。这五国为成为诸侯霸主不断扩充势力对外用兵，周边小国多被其吞并。其他不见于史册的地区大国间的斗争以及小国与小国间的军事斗争就更多了。尚存的诸侯国都面临着严峻的生存危机。如何才能在激烈的军事斗争中战胜对手、保存自己？首先，要有先进的武器。各国政府都不遗余力推动本国的武器技术革新。㊀

除了要有新式的更具杀伤力的武器外，国家的经济力量更具决定意义。各诸侯国都致力于发展本国经济，鼓励和推广新的技术，并通过兴修重大水利工程的方式推动了工程技术的进步。

春秋末期，奴隶制生产关系已经成为社会发展的桎梏，"井田制"逐步瓦解，私田开始出现，出现了一家一户分散生产的劳动形式，封建土地制度从中萌芽并逐步建立，这极大地刺激了劳动者的生产积极性，提高了生产效率。同时，社会生产力的发展也刺激了工商业私营

㊀ 徐勤涛.春秋战国时期技术进步的原因初探,世纪桥,2010年11期第26-27页。

化的进程，使得"工商食官"的局面遭到破坏，出现了以生产商品为主的私营手工业和独立个体手工业，社会分工更加精细，出现了知识分子群体。㊀

随着新的封建制生产关系的不断发展，社会财富得以积累。从战争角度看，社会财富的积累一方面改善了武器装备，促进了作战方式的改变；另一方面，社会财富的积累也为诸侯国之间的战争提供了物质基础。这一时期的战争数量和强度较以往均有显著增加。

4. 战争背景

周朝之时，天下诸侯不是兄弟之邦就是姻亲之国，战争只是争个输赢，不在于多杀伤，所以战争也要符合礼，礼重于一切。㊁

军礼是礼的一种，比如两军交战前，要"致师"：一是挑战，二是交代彼此交战的原因，不能打不明不白的仗。两军交战，都要等对方把战车摆好，士兵排开，再擂鼓而战。对方阵势没摆好，冲上去就打，是失礼的。所以当年齐鲁交战，齐国擂了三通鼓，鲁军在曹刿的指挥下，就是不擂鼓，齐国军队也没有冲上来厮杀，要等对方也擂鼓冲锋了，才开始战斗。在战斗中，还有另外几种讲究，如不杀儿童、不擒老人、对受伤的士兵不二次加害。战斗结束，胜方不能死追不放，

㊀ 吕超等.从春秋晚期的历史条件看《孙子兵法》的形成，科教导刊（下旬），2019年第8期第153页。

㊁ 申赋渔.宋襄公之礼，中国青年报，2019年8月16日第4版。

"逐奔不过百步，纵绥不过三舍"：追击步兵，不能超过一百步的距离，追杀驾车逃跑的敌人，不能超过九十里——这叫"礼义之兵"。所以说，"五十步笑百步"并非完全没道理，因为逃到百步之外，就没有危险了，而只逃了五十步，还要跟敌人作战。自然，逃五十步的，要比逃一百步的勇敢了。㊀

春秋前期战争中有时还遵循"仁义礼让"。从鲁隐公元年（公元前722年）到鲁哀公十四年（公元前481年）的242年间，发生大小战争483次之多㊁，且战争规模逐渐扩大、暴烈。春秋之中，弑君三十六，亡国五十二，诸侯奔走不得保其社稷者不可胜数。㊂孟子曰："春秋无义战。"㊃

春秋晚期战乱频繁，这些战争中既有中原诸国与周边部族的战争，也有诸侯兼并、大国争霸的战争，还有奴隶反抗奴隶主的战争，以及新兴地主阶级为争夺政权而进行的战争。在这些类型纷杂的战争中，占主导地位的还是诸侯兼并与大国争霸的战争。在诸侯兼并与大国争霸战争中，大国胜败无常，小国安危不定，大量封国灭亡。春秋初期，诸侯国尚有130多个，到战国时，就只剩下齐、楚、燕、韩、赵、魏、秦七个大国了。这一时期的战争，参战国多，敌、友、我变化频繁，军事与外交斗争交叉进行，战略格局错综复杂；战争的规模由小到大，

㊀ 申赋渔.宋襄公之礼，中国青年报，2019年8月16日第4版。
㊁ 李元.论春秋时代的战争观，求是学刊，1992年6期第93-97页。
㊂ 【汉】司马迁撰，韩兆琦等评注.史记，长沙：岳麓书社，2004年版第1787页。
㊃ 【战国】孟柯，梁海明译注.孟子，太原：山西古籍出版社，1999年版第198页。

时间由短到长，战争地域由平原发展到山地、河川、湖沼；作战类型由车战为主发展到车、步、骑配合，水陆并用的多兵种作战形式。

在春秋前期，诸侯国之间的交战尚受"礼仪用兵"的影响，"正大不诈"的作战原则在战争中还有一定的残存。如公元前638年，楚宋争霸中的"泓水之战"，宋襄公妄行仁义，导致兵败身亡。泓水之战后，天下人嘲笑宋襄公的"愚蠢"，于是战争开始变得"诡诈奇谋"，无所不用其极。战争的场面越来越大，也变得越来越残酷血腥，人性的底线就这么一步步被突破。与其说泓水之战是宋襄公的失败，不如说是礼的一次崩溃。

但在春秋晚期，谋略的运用、以智谋取胜则已经成为作战的一个显著特点。

战争的大量爆发产生了丰富的战争实践，在春秋晚期诸侯国间的战争中，面对强敌，为谋求本国生存，在无法以实力取胜的前提下，军事活动家们往往以智使力，寻找以弱胜强之路。在这种大背景下，军事思想渐渐脱离了传统作战中礼仪道义的束缚，人的能动性在战争过程中得到了极大的体现，人们对于战争的思想观念得到更新。在战争实践中已经逐渐摒弃了"礼仪用兵"的思想，产生了对军事思想和军事理论的需求。

周王朝走向了"周王室衰微，大国争霸"的春秋末期的历史大变革时期。《孙子兵法》就是在春秋末期，公元前512年问世的。

第 2 章

"知彼知己,知天知地"
的战略分析

兵者，国之大事，死生之地，存亡之道，不可不察也。

——《孙子兵法·计篇》

主孰有道？将孰有能？天地孰得？法令孰行？兵众孰强？士卒孰练？赏罚孰明？吾以此知胜负矣……夫未战而庙算胜者，得算多也；未战而庙算不胜者，得算少也。多算胜，少算不胜，而况于无算乎？吾以此观之，胜负见矣。

——《孙子兵法·计篇》

知彼知己，胜乃不殆；知天知地，胜乃可全。

——《孙子兵法·地形篇》

2.1 "经校算"的竞争力分析框架

孙子曰:"兵者,国之大事,死生之地,存亡之道,不可不察也。(《孙子兵法·计篇》)"

战争是关系到国家与民众生死存亡的大事,不能不认真研究。同样的道理,竞争也是关系到企业生存与发展的大事,也必须认真研究。那么,该怎么研究呢?

孙子曰:"故经之以五事,校之以计,而索其情:一曰道,二曰天,三曰地,四曰将,五曰法。道者,令民与上同意也,故可以与之死,可以与之生,而不畏危。天者,阴阳、寒暑、时制也。地者,远近、险易、广狭、死生也。将者,智、信、仁、勇、严也。法者,曲制、官道、主用也。凡此五者,将莫不闻,知之者胜,不知者不胜。故校之以计,而索其情。曰:主孰有道?将孰有能?天地孰得?法令孰行?兵众孰强?士卒孰练?赏罚孰明?吾以此知胜负矣。(《孙子兵法·计篇》)"

孙子提出,可以通过"经之以五事,校之以计,而索其情"的分析方法，来研究战争的胜负。这里的**"经"**和**"校"**是一个意思，都是**"比较"**。"而索其情"的**"索"**是什么意思呢？我们知道，纸上谈兵和战场上的战斗是存在差异的。在庙堂上的"经"和"校"，都是"纸上谈兵"，无论多么认真研究，都可能和实际交战的情况存在差异（尽管在战前的战略分析也都是在实际调查的基础上进行的）。所以，到执行的时候，还要根据具体的实际情况进行重新分析、调整，使分析结果和决策更切合实际。这就是孙子说的**"索其情"**。有关索其情，后续再讲。现在主要讲"经校算"的分析方法。

孙子认为，"道、天、地、将、法"这五个战略要素决定战争的胜负。经五事，就是比较战争双方的五个战略要素，分析双方的优势、劣势。自己这一方是否有优势？有多少优势？以此判断能否取得胜利。

孙子提出，如果比较战争双方的五个战略要素就能够清晰地比较出双方的军事实力，也就是可以清楚地得出哪一方的胜算多，哪一方的胜算少，则只需要比较这五事就可以了。

如果比较战争双方的五个战略要素还不能清楚地比较出双方的军事实力，那么，孙子认为，可以进一步增加做比较的战略要素，就是"校之以计"。即：主孰有道？将孰有能？天地孰得？法令孰行？兵众孰强？士卒孰练？赏罚孰明？就是在"道、天、地、将、法"的基础上再增加"兵众、士卒、赏罚"三个战略要素，构成"道、天、地、将、法、兵众、士卒、赏罚"八个战略要素。

如果在庙算时，战略分析者想直接做精细化的战略分析，那么，也可以不做"经五事"，直接进行战争双方的八个战略要素的比较分析。

这样，根据《孙子兵法》的战略分析思路，可以绘出"经五事、校之以计"的"经校算"的竞争实力分析框架模型（见图2-1）。

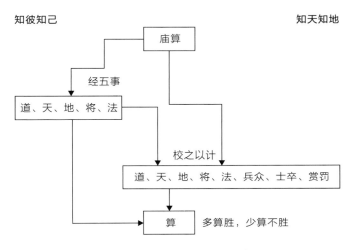

图2-1 "经校算"竞争力分析框架模型

中国古代有敬天、敬祖宗的传统。有关国家大事的决策必须在太庙中进行，此即"庙算"。孙子所谓的庙算也就是战前的纯净评估，其内容即为依据五个或八个战略要素分别评定双方的得分。在常态下，分数多的就会胜利，分数少的就不能胜利。

2.2 经五事：五个战略要素的竞争力分析

"经五事"，就是对战争或竞争双方的五个战略要素进行比较分析。一是道，二是天，三是地，四是将，五是法。

1. "道"

什么是"道"？孙子曰："**道者，令民与上同意也，故可以与之死，可以与之生，而不畏危。**（《孙子兵法·计篇》）"孙子所说的"道"，就是从政治上使民众与君主的思想一致，使民众能够与君主同生死，共患难。对于企业来说，**"道"是指公司凝聚力**，在竞争与发展中，团结一心，为共同的理想和目标而奋斗。

2. "天"

什么是"天"？孙子曰："**天者，阴阳、寒暑、时制也。**（《孙子兵法·计篇》）"孙子所说的"天"，是指天时、季节等气候情况。对于企业来说，在相同的政治与经济环境下的企业竞争，就是对市场的争夺，就是对客户的争夺。所以，客户就是企业的天，由此，"天"就是"市场营销能力"。

3. "地"

什么是"地"？孙子曰："**地者，远近、险易、广狭、死生也。**（《孙子兵法·计篇》）"指路程的远近、地势的险要与平坦、作战地域的广阔或狭窄、地形地貌是否有利于攻守进退，是死地还是生地等。

对于企业的竞争与发展来说，"地"是指什么呢？从产业价值链来看，可理解为企业生存与发展的资源基础。由此，对于企业而言，"地"就是"资源采购能力"或"资源获取能力"。

4. "将"

孙子曰：**"将者，智、信、仁、勇、严也。（《孙子兵法·计篇》）"** 孙子认为，独立指挥军队作战的将帅必须具备"智、信、仁、勇、严"五个方面的素质。智是知识与智慧，信是信用与信誉，同时包括信心，仁是对国家的忠诚以及对士兵的关心与爱护，勇是要作战勇敢、敢于承担风险，严是严格管理。以这五个方面来衡量总经理、高级经理人的综合素质为许多学者所认同。因此，"将"就是指公司总经理在这五个方面的综合能力。

5. "法"

什么是"法"？孙子曰：**"法者，曲制、官道、主用也。（《孙子兵法·计篇》）"** 曲制是指军队组织建制，即组织结构与制度；官道是指各级将校职责，即岗位责任；主用是掌管物资费用，即岗位权力。对于企业而言，"法"就是组织管理能力。

经五事，就是以这五个战略要素进行战争实力或竞争力的比较分析。由于每个要素对战争实力或竞争力的重要程度是不完全等同的，因此，需要对每个要素分别赋予权重；在具体分析时，采取专家打分法，首先对五个战略要素的权重进行评估，再对每个要素进行比较打分，最后计算战争或竞争双方的加权得分及加权总分，如表2-1所示。

表 2-1 "经五事"的五个战略要素测量表

	军事	商业	要素权重 (%)	要素得分	要素加权得分
S_1	道	公司凝聚力			
S_2	天	市场营销能力			
S_3	地	资源采购能力			
S_4	将	公司总经理的能力			
S_5	法	组织管理能力			
总计			100%		

分析、计算出每一方的总计加权得分，就是通过比较五个战略要素后得出的综合竞争实力，也就是孙子说的"算"（算筹，胜利条件），也就知道了双方各自的"胜算"多少了。孙子曰："**多算胜，少算不胜，而况于无算乎？（《孙子兵法·计篇》）**"

如果通过"五事"就能够清楚地分析出竞争双方的竞争实力，则只做"五事"分析也就可以了。

如果通过"五事"分析还不能够清楚地判断竞争双方的竞争力，就需要进一步细化或增加指标。因为"五事"中没有包括武器装备、士卒素质和激励机制，而在战争或竞争中，武器装备、士卒素质、激励机制也是非常重要的战略要素，所以，如果需要更精确地分析，就需要进行"校八计"分析。

2.3 校之以计：八个战略要素的竞争力分析

孙子曰："**主孰有道？将孰有能？天地孰得？法令孰行？兵众孰强？士卒孰练？赏罚孰明？**（《孙子兵法·计篇》）"

通常，人们把孙子说的七个要素谓之以"七计"，但这里边有个问题，孙子在"五事"（道、天、地、将、法）中，把"天""地"各自作为一个独立的要素，而在他提出的"七计"中却把"天"与"地"合在一起作为一个要素，即"天地孰得"。而事实上，无论是战争还是商业竞争，"天""地"是各自独立的影响战争的战略要素。因此，我们在实际运作中，还是应该把"天"与"地"分开，这样，孙子所说的"校之以计"，实际上是"校八计"，也就是比较八个决定战争或竞争的战略要素。因此，本书以实际为准，称之为"校八计"，即比较竞争双方的八个战略要素。

一，谁的君主更能取得民众的支持？

二，谁的将领更有作战能力？

三，天气条件对谁更有利？

四，地理条件对谁更有利？

五，谁的组织管理更有利于战争？

六，谁的武器装备更强大？

七，谁的士卒更训练有素？

八，谁的激励制度更分明有效？

"校"是比较，"计"是条件。孙子曰："**夫未战而庙算胜者，**

得算多也；未战而庙算不胜者，得算少也。多算胜，少算不胜，而况于无算乎？吾以此观之，胜负见矣。（《孙子兵法·计篇》）"

孙子的庙算也就是战前的纯净评估，即对孙子提出的决定战争胜负的八个战略要素进行得分评估。分数多的就会胜利，分数少的就不能胜利。

还有一个特别需要解释的字就是"算"字。孙子说的"算"是什么呢？"算"是"算筹"；或"筹"，引申为胜利条件或军事实力。古代的"筹"一般是六寸长的小竹片或小木棍。○

那么，怎么把《孙子兵法》中作为评估战争胜负的八个条件指标转换为商业竞争中的公司竞争力评估指标呢？具体的分析步骤是怎样的呢？

在第 2.2 节中，我们对"道、天、地、将、法"五个战略要素进行了军事与商业上运用的解释；孙子进一步提出的八个战略要素，只是在经五事中的五个战略要素基础上，再加上三个战略要素，即：

1. 兵众

"兵众孰强"的"兵众"是指军队的"武器装备"；在企业中，是指企业的技术与设备、设施的先进程度，表现出的技术与设备的竞争能力，即技术的总和。由此，"兵众"是"企业技术能力"。

○ 筹，长六寸，计数目的筹码。见【东汉】许慎撰，【清】段玉裁注. 说文解字. 北京：中国书店，2011 年第 1 版第 704 页。

2. 士卒

"士卒孰练"是指哪一方的士卒训练有素。在中国古代，士卒不是指单个士兵。在2500多年前的春秋时期，百人为卒。[⊖]卒是军队中基本的作战单位，在企业中，则引申为员工整体素质。

3. 赏罚

"赏罚孰明"是指哪一方对将士赏罚分明。即有功则奖，有过则罚。在企业中，对待员工奖罚分明、公平合理是非常重要的。"赏罚"就是"激励机制"。

根据上述分析，我们可以将《孙子兵法》的八个战略要素作为企业竞争力的构成指标。这八个竞争力的指标分别是：第一个指标是公司凝聚力，第二个指标是总经理的能力，第三个指标是市场营销能力，第四个指标是资源采购能力，第五个指标是组织管理能力，第六个指标是软硬技术能力，第七个指标是员工素质，第八个指标是激励机制。由于每个要素对战争实力或竞争力的重要程度是不完全等同的，因此，需要对每个要素分别赋予权重；在具体分析时，采取专家打分法，首先对八个战略要素的权重进行评估，再对每个要素进行比较打分，最后计算战争或竞争双方的加权得分及加权总分，如表2-2所示。

⊖ 阎铸.春秋时代的军事制度(下),社会科学战线.1980年第4期第227-234页。

表 2-2　八个战略要素评估表

	军事战略要素	商业战略要素	要素权重 (%)	要素得分	要素加权得分
S_1	主孰有道	公司凝聚力			
S_2	将孰有能	公司总经理的能力			
S_3	天（地）孰得	市场营销能力			
S_4	（天）地孰得	资源采购能力			
S_5	法令执行	组织管理能力			
S_6	兵众孰强	软硬技术能力			
S_7	士卒孰练	员工素质			
S_8	赏罚孰明	激励机制			
总计			100%		

分析步骤模型如图 2-2 所示。

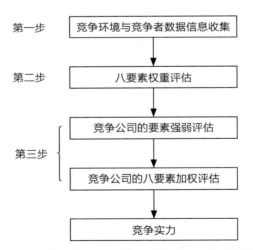

图 2-2　基于《孙子兵法》的竞争力分析步骤模型

具体的分析步骤如下：

（1）第一步：竞争环境与竞争者数据信息收集

一是以《孙子兵法》的八个竞争要素，对竞争对手的每个要素相关的信息进行详细调查。当然，要通过正当合法的渠道进行调查。然后，对竞争对手的八个要素的调查结果进行汇总。

二是对己方八个竞争要素的相关信息进行调查和汇总。

（2）第二步：八要素权重评估

这一步骤又分为三个环节。

一是评估专家选择。什么样的人才可以作为竞争要素重要度评估的专家呢？什么样的人才可以作为行业评估专家呢？一般来说，应该请对行业发展、行业竞争非常了解的人。我调查的结果表明，要请有3年及以上行业经验的人员。比如资深的财务经理、市场经理、销售经理、生产运营经理、采购经理、研发与技术经理、人力资源经理、行政经理等。如果自己公司中的业务经理对行业不够了解，可请行业中的资深经理作为评估专家。

二是对每个要素进行重要度的评估。

请专家根据自己的经验判断，如果某一要素对公司竞争力最重要就记5分，假定你是专家，你认为第六个要素"技术能力"对竞争力最重要，就给"技术能力"这个因素的重要程度打5分。如果你认为某一要素在行业竞争中对企业竞争力最不重要，就记1分。

三是计算每个要素的权重。

首先，先把每位专家对某个要素的重要度评分进行加总，得到全体专家对这个要素的评分数值。比如，有9位专家进行评分，把9位专家对第一个要素"公司凝聚力"对公司竞争力的重要程度的评分进行加总，假设有2位专家给2分，有5位专家给3分，有2位专家给4分，则加总后第一个要素共计得为27分。以此类推，第二个要素得36分，第三个要素得45分，第四个要素也得45分，第五个要素得36分，第六个要素得45分，第七个要素得27分，第八个要素得27分。其次，再把每个要素的总分加起来，即得到9位专家对所有八个要素评价的总分：即27+36+45+45+36+45+27+27=288。最后，把每个要素的得分除以八个要素的总分数，即可得到每个要素的比重，比如，把第一个要素得分27除以288分，再乘以100%后，等于9.4%；这个9.4%，就是第一个要素在八个竞争要素中对竞争力重要程度的权重。

（3）第三步：竞争公司的八要素加权评估

以竞争能力为判断依据，采取5分制打分方法，将本公司与竞争者的八个要素进行一一比较并给出评分，分别乘以权重，计算加权得分之总和，即得出两个竞争者的综合竞争实力的大小。比如我们要比较A和B两家竞争公司，各自在八个要素上的得分，首先，比较A、B公司的第一个要素"公司凝聚力"的得分，调查发现A公司的凝聚力要比B公司的凝聚力高出很多，就给A记5分，给B公司记3分。

如此类推，最后，再把 A 和 B 两家公司在每个要素上的得分再乘以这个要素的权重，即得到加权得分。

通过上述的三个分析步骤，可以得出你的公司和竞争对手各自的综合竞争实力。计算得出的综合实力就是孙子说的"算"。根据分析得出的自己和竞争对手的竞争实力，就可以判断出在正常状态下进行竞争，是否能够取得胜利。

那么，《孙子兵法》所提出的八个战略要素能否作为企业竞争力的指标呢？针对这个问题，我们专门做了实证研究和案例研究。

（1）在实证研究方面，把《孙子兵法》的七计转换成的八个战略要素作为自变量，把经营绩效包括利润率、销售额、净资产收益率作为结果变量（因变量）。针对 200 多家企业发放了调查问卷，回收有效问卷 185 份，进行回归分析，通过统计分析检验。结果表明，《孙子兵法》的八个战略要素作为企业竞争力指标通过了实证分析检验。也就是说，孙子兵法的八个战略要素是完全可以作为竞争力指标运用到企业竞争力分析中的。

（2）为了更加严谨求证，我们又通过案例研究方法，进行了几百家的企业实践检验。结果显示，以八个战略要素分析得出的加权分数高的，其竞争优势或经营绩效也好；凡是八个战略要素分析得出的加权分数低的，其竞争优势也低，经营绩效也低。

通过实证和案例研究，我们发现，《孙子兵法》提出的"校八计"，确实可以作为企业竞争力的分析方法。

2.4 一曰度，二曰量，三曰数：战略资源分析

在孙子的战略思想中，战争是靠实力赢得胜利的，更何况是追求不战而胜。同时，孙子在开篇第一句就强调，战争是关系到国家生死存亡的大事，一定要慎重！那么，首先的问题是，要不要发动战争或接受挑战？能不能打？有没有资源能力打？因此，首先要进行战争成本分析。

1. 战争成本分析

孙子曰："凡用兵之法，驰车千驷，革车千乘，带甲十万，千里馈粮，则内外之费，宾客之用，胶漆之材，车甲之奉，日费千金，然后十万之师举矣。（《孙子兵法·作战篇》）"

意思是说：凡动用大规模军队远征作战，至少要动用轻型战车1000多辆，重型战车1000多辆，戴盔甲的士兵10万人，还需要千里运粮；那么，前方和后方的资金耗费，因战争而来往频繁的各国使节、说客的开支，购置作战器材的费用、战车与盔甲的修缮费用等，可谓日费千金，耗费巨大，然后，十万军队才能开拔奔赴前线作战！

曹操曰：欲战必先算其费。就是说，要发动一场较大规模的作战，必须先筹划费用、粮草、物资等。战争不仅仅是拼命，经济资源上的耗费非常巨大，那么，是否具有承受一场战争的资源呢？所以，在战争分析中，还需要仔细、认真地分析战争双方的资源。

2. 战争资源分析

孙子曰："一曰度，二曰量，三曰数，四曰称，五曰胜。地生度，度生量，量生数，数生称，称生胜。故胜兵若以镒称铢，败兵若以铢称镒。（《孙子兵法·形篇》）"

意思是说：一是度量双方土地面积的大小，二是估量人口数量、兵源的众寡，三是计算物产、资源的多少，四是权衡军事实力强弱的对比，五是分析敌我双方谁具有赢得胜利的资源能力。

有多少肥沃的土地资源，就能够种植、收获多少粮食，就能养育多少人，就能培养出多少军人。把战争双方的物产资源和军队数量放在"称"上，称一称，就能够清楚地比较出双方作战资源的多少，也就知道谁胜谁败了！所以，胜利者是以绝对大的竞争实力而面对竞争实力绝对弱小的敌对方，就是要以"镒"对"铢"。"镒"是"铢"的576倍。对企业而言，是比较各自的软、硬资源能力。

由于战争或竞争是动态变化的，通过五个或八个战略要素的分析，所得出的"胜算"多少，是针对特定的敌人或竞争对手，并是在特定的"天""地"环境下的分析结果；如果所面对的敌人或天、地中的某一方面发生变化，或两三个方面都发生变化时，我们具有的"胜算"的多少，也一定是随着敌人或竞争对手的变化、天地环境的变化而发生变化。所以，我们需要根据"彼""天"和"地"的变化而切实分析自己在特定条件下的"胜算"的多少。

2.5 知彼知己，知天知地：综合战略分析

通过分析八个战略要素和战略资源，可以清楚地知道战争双方或竞争双方的战略实力或公司竞争实力。但是，那是在常态下的固定环境下的分析，如果环境发生了变化，原有的竞争实力也会发生变化甚至是颠覆性变化。所以，《孙子兵法》提出了"索其情"。我的理解就是，还要根据具体环境等竞争情景因素的变化，进行动态分析，做到"知彼知己，知天知地"，从而制定不战而胜的战略规划和切实的战略行动。

孙子曰："知彼知己者，百战不殆；不知彼而知己，一胜一负；不知彼，不知己，每战必殆。（《孙子兵法·谋攻篇》）" "知彼知己，胜乃不殆；知天知地，胜乃可全。（《孙子兵法·地形篇》）"

意思是说：在能够清楚地了解敌人，也能够清楚地了解自己的前提下，就能够做到不败！如果不清楚地了解敌人，但对自己的实力还十分了解，有可能胜利，也有可能失败！如果既不知道敌人的情况，也不知道自己的实力，一定是每战必有失败的危险！

所以，必须要做到：既非常清楚地了解敌人，也非常清楚地了解自己，同时，又非常清楚地了解在什么天气变化的情况下，在什么地理、地利的条件下对自己最有利，而对敌人不利的情况下进行作战，就一定能够获得"全"胜！

在这里，有两点需要特别提醒，就是"知彼、知己、知天、知地"的关系。

第一，知彼知己。孙子兵法的原文是"知彼知己"，即"知彼"在"知己"的前边，说的是先"知彼"而后才能"知己"。意思是，要首先了解敌人的指挥官、军队数量、武器装备、粮草数量等军事实力，再根据敌人的实力，来一一对比、分析自己的军事实力。进而准确、客观地分析敌人和自己在军事竞争实力上的优劣势。这是"知彼知己"。"知彼知己"是以"彼"即敌人为镜子，来对照"自己"。

但是，非常遗憾的是，我们现在很多人都习惯于说"知己知彼"！这不是孙子的原文。"知己知彼"是先了解自己，再了解敌人。是以自己为镜子来对照敌人。由于优势和劣势都是相对而言的，所以，如果把"知己"放在前边，有可能导致夸大自己优势或实力的倾向，从而轻视敌人，造成决策失误。当然，也有可能会由于首先看到自己的缺陷、劣势的一面，从而导致看不到自己的优势或看低自己的优势，而夸大敌人实力，造成胆怯，不敢应战、望风而逃。说起来，我总是有点担心，如果经常错误地说"知己知彼"并牢记于大脑中的话，时间久了，就会形成思维定式，就有可能凡是遇到竞争的事情，或者夸大自己实力、盲目自大，或者盲目自卑。因此，我特别希望大家一定记住，《孙子兵法》原文中说的是"知彼知己"！也请你告诉你的朋友，如果他们说错了，你要为他们纠正！

第二，"知天知地"。知天知地，包括"天""地"这两个重要的环境影响因素，对敌人是有利还是不利？对自己是有利还是不利？根据这样的对比分析后，要选择对自己有利，而对敌人不利的天气和对自己有利，而对敌人不利的战场地理环境来对敌作战。比如，三国时期的赤壁之战，面对曹操的几十万精兵强将，唯一可能战胜曹操的策略就是"火攻"，而火攻需要借助东南风，所以，准确地把握天气的变化至关重要！

这样分析下来，我们就会清楚，知己是在首先清楚地"知天""知地""知彼"的前提下，再清楚地了解自己；即在什么天气、地理环境下，和谁为敌时，自己的优势和劣势。即"知天""知地""知彼"这三个是自变量，"知己"是因变量（如式2-1所示）。知己是随着知天、知地、知彼的变化而变化的。

$$知己 = f(知天，知地，知彼) \qquad 式2-1$$

下面我们再通过案例分析进一步理解。

/军事案例

定三分隆中决策[一]

刘备的理想是中兴汉室江山，但不是特别清楚各方的战略状态，也不知道该怎么谋划中兴汉室的战略，就来找诸葛亮，诸葛亮对刘备说："现在曹操已经拥有百万雄师，而且，曹操还可以要挟当今的天子，以正当的权力号令天下各路诸侯，由此，绝对不能与曹操直接发生战争。

孙权据有江东，以历三世（孙坚、孙策、孙权），国险（拥有长

[一] 《三国演义》第38回，定三分隆中决策，战长江孙权报仇。

江天险）而民附（民附，就是江东民众拥戴孙氏家族执掌政权），所以，对孙权，只能是结为联盟，以孙权为外援，而不能攻取。

荆州北边靠着汉江，获得利益可以远到南海，东边连接着东吴和会稽等地，西面通向广阔的巴蜀大地，益州险塞，沃野千里，天府之国，所以，刘将军您若跨有荆州、益州（四川），对外要与孙权结盟，再治理好内部，等待天下有变即出现有利的机会，则命一上将将荆州之军以向河南的南阳和洛阳进兵，刘备将军您身率四川兵众出于秦川，两面夹击，则霸业可成，汉室可兴矣。"

隆中对，诸葛亮详细客观地分析了曹操、孙权等阵营的实力以及天时、地利等因素，再对照分析了刘备阵营在当前情况下的相对优势及劣势。由此，为刘备做出了先取荆州，再取益州成鼎足之势继而图取中原的战略构想。

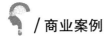/ 商业案例

知"天时、地利"，谋生存发展：
玩具代工企业的生存策略

在商业竞争发展中，如何根据"知彼知己，知天知地"的分析，做出发展战略决策呢？我曾经到广东地区的玩具代工企业做过调研，调研的目的是研究 OEM 企业的生存战略。我在对玩具代工企业调查后了解到，从 2000 年开始，在广东地区以及东部沿海区域的劳工成本和原材料成本逐渐上涨，到 2005 年时，依靠低廉的劳动力成本和原材料而获得利润的玩具代工企业的盈利空间被逐渐挤压，变得越来

越小，这个时候，原有在广东地区的地利优势已经逐渐丧失；但在中国经济欠发达的内陆省份，劳动力成本还比广东地区低很多。另外，在越南等东南亚欠发达国家，其劳动力成本要比广东地区低很多。作为商业竞争中的"天"，即从对客户的把握或市场营销能力上分析，由于中国广东的玩具代工厂长期为欧美国家玩具品牌商代工，具有非常良好的客户关系，所以，和越南等国家新建的玩具代工厂相比，仍具有非常明显的优势。这样分析后，包括广东美利时等一些玩具代工厂就开始在越南投资建立工厂，将低端加工业务转向越南加工，利用了原有的市场营销能力的优势，也规避了在广东地区雇佣劳动力成本高等劣势，使公司持续稳定地发展。

当进行缜密的战略分析后，就可以根据"知彼知己，知天知地"的分析结果，制定"不战而胜"的战略规划了。

第 3 章
"不战而胜"的战略规划

凡用兵之法，全国为上，破国次之；全军为上，破军次之；全旅为上，破旅次之；全卒为上，破卒次之；全伍为上，破伍次之。是故百战百胜，非善之善者也；不战而屈人之兵，善之善者也。

——《孙子兵法·谋攻篇》

　　战略的完美境界，就是要产生决定性的战果，而不需要任何严重性的战斗：不战而屈人之兵，善之善者也。

——李德·哈特（Liddell Hart，1895—1970 年）

3.1 不战而屈人之兵：
最完美的战略目标是不战而胜

战略制定，首先是战略目标的确定。那么，孙子提出了什么样的战略目标呢？

孙子曰：**"凡用兵之法，全国为上，破国次之；全军为上，破军次之；全旅为上，破旅次之；全卒为上，破卒次之；全伍为上，破伍次之。是故百战百胜，非善之善者也；不战而屈人之兵，善之善者也。（《孙子兵法·谋攻篇》）"**

孙子认为，通过交战的方式，即便是百战百胜，也不是最好的战略；而不通过交战的方式，就能够使敌人屈服才是最好的战略。

王晳曰：国、军、卒、伍，不问大小，全之则威德为优，破之则威德为劣。张预曰：周制：万二千五百人为军，五百人为旅，百人为卒，五人为伍。自军至伍，皆以不战而胜之为上。[一]

[一] 【春秋】孙武撰，曹操等注，杨丙安校理，十一家注孙子，北京：中华书局，2012年版第43页。

孙子讲的这段话有三个点需要讨论一下：

第一，是"全"。

"全"与"破"是两个相对的概念。"全"的意思是完整而无任何损毁，而"破"的意思是造成无可避免甚至是无法补救的损毁、破坏。从曹操到很多注释家都把"全"字注释为"敌人之全"，即敌人的全国、全军等，即使敌人完整、不受任何破损地降服为上策。这虽然说得通，但似乎不能完全表达孙子的本意。因此，如果为了使敌人完整无损地降服，但自己却牺牲很多利益或资源，这是不合常理的，也应该不是孙子的本意。所以，注释家贾林作了补充，贾林曰：全得其国，我国亦全，乃为上。⊖按照贾林的注释，我认为，这个"全"字，是指在保全我方的同时也保全敌方。

第二，是"不战"，即不战而屈人之兵的"不战"。

所谓战，就是使用武力进行交战！显然，"不战"就是不交战。但是，不交战，却不等于不进攻。从战略家的观点来看，必须采取攻击行动，才能达到积极的目的。如果从这一观点分析，可以看出，"不战"只是不使用武力进行"交战"。

第三，是"屈人之兵"。

注释家都把"屈人之兵"说成是使敌人屈服！20世纪最负盛名的战略家李德·哈特在《战略论：间接路线》一书中写道："战略的完美境界，就是要产生决定性的战果，而不需要任何严重性的战斗——

⊖ 【春秋】孙武撰，曹操等注，杨丙安校理，十一家注孙子，北京：中华书局，2012年版第42页。

不战而屈人之兵，善之善者也。依照我们已经研究过的结果，历史上有许多例证，足以说明若能够借助有利条件，则战略是可以产生不战而胜的结果的……有时一个国家只是以维护本身安全为目的，而并不想征服任何国家，那么，只要解除安全的威胁，就可以算是达到目的了——换言之，只要逼迫敌人放弃他们的目的即可。"○

这样分析，我认为，孙子提出的不战而屈人之兵，并非一定要对手屈服，而是主张不通过武力"交战"的手段来解决矛盾或冲突。即孙子的理想是不通过战争方式实现胜利，或是解决问题。

综上所述，《孙子兵法》在战略上的最高追求是"不战而屈人之兵"，并且提出了从国家层面到班组层面的全胜战略目标体系，即：全国为上，破国次之；全军为上，破军次之；全旅为上，破旅次之；全卒为上，破卒次之；全伍为上，破伍次之。这就构成了由"不战而屈人之兵"为总体目标的战略目标体系（如表3-1所示）。

表3-1 军事上的不战而屈人之兵战略目标体系

总体目标	不战而屈人之兵（不战而胜）
国家层面	全国为上，破国次之
军队层面	全军为上，破军次之
师旅层面	全旅为上，破旅次之
连队层面	全卒为上，破卒次之
班组层面	全伍为上，破伍次之

○ 【英】李德哈特著，钮先钟译.战略论：间接路线．上海：上海人民出版社，2010年版第280页。

那么，在商业竞争发展中，又如何制定不战而屈人之兵的战略目标体系呢？

在商业竞争中的"不战"就是不实施价格战；商业上的"不战而屈人之兵"就是不采取价格战而解决竞争双方的矛盾或冲突，进一步说，就是不以恶性的价格战而造成两败俱伤，从而取得竞争上的最后胜利。

表 3-2 商业上的不战而屈人之兵战略目标体系

总体目标	不战而屈人之兵（不战而胜）
公司层面	不采取价格战而实现目标
事业部层面	不采取价格战而实现目标
部门层面	不采取价格战而实现目标
子部门层面	不采取价格战而实现目标
班组层面	不采取价格战而实现目标

理想是美好的！不战而胜的目标也非常"高大上"。但是，实现"不战而屈人之兵"容易吗？是否需要什么基本条件呢？我们通过案例进行分析。

军事案例

诸葛亮安居平五路[一]

从标题上看，这就是一个不战而胜的案例。故事是这样的：

先主刘备驾崩后，太子刘禅继皇帝位。早有魏军探知此事，报入

[一] 节选自《三国演义》第 85 回。

中原。曹丕大喜曰："刘备已亡，何不乘机起兵伐蜀？"于是，司马懿献计："用五路大兵，共计五十万，五路并进，四面夹攻，令诸葛亮首尾不能救应，诸葛亮便有吕望之才，安能当此乎？"魏国调遣进犯蜀国的五路大军是：第一路，曹真率兵十万，取阳平关；第二路，孟达率兵十万，犯汉中；第三路，东吴孙权，起兵十万，取峡口入川；第四路，蛮王孟获起兵十万，犯益州四郡；第五路，番王轲比能，起羌兵十万，犯西平关。蜀国闻此消息，上下惶惶不安，倾国之危，迫在眉睫。可是，诸葛亮却不知为何，数日不上朝理事，闭门不出。这可急坏了皇帝和众多朝臣。惊恐的皇帝刘禅只好亲自去丞相府，见诸葛亮独倚竹杖，在小池边观鱼。后主问道："今曹丕分兵五路，犯境甚急，如之奈何？"孔明奏曰："羌王轲比能、蛮王孟获、反将孟达、魏将曹真，此四路兵，臣已皆退去了也，只有孙权这一路兵，臣已有计，但须一能言之人为使……"后主听罢，又惊又喜，曰："相父果有鬼神不测之机也！愿闻退兵之策。"

诸葛亮向皇帝刘禅奏曰："番王轲比能引兵犯西平关。马超积祖西川人氏，素得羌人之心，羌人以马超为神威天将军，非常敬畏！令马超紧守西平关，伏四路奇兵，每日交换，以兵拒之。番王轲比能见有伏兵，并且是马超据守，不战而退。""南蛮孟获兵犯四郡。已令魏延领一军左出右入，右出左入，以为疑兵之计，孟获见疑兵，不敢来犯。孟获也退兵。""反将孟达，因孟达与李严为生死之交，臣已作一书，只做李严亲笔，令人送于孟达，孟达必推病不出。""曹真引兵犯阳平关;阳平关地势险峻,可以保守,已调赵云引军守把关隘,并不出战,曹真若见我军不出,不战自退。""又秘调关兴、张苞各引兵三万,屯于紧要之处,为各路救应。"

"东吴孙权这路兵马,可通过外交手段,陈述吴国与蜀国唇亡齿寒的利害关系,吴国必然不发兵。"后差邓芝前往说服东吴,再结吴蜀联盟。

面对魏国五路大军入侵的战争危机,诸葛亮采取威慑(派马超据守西平关、赵子龙据守阳平关、魏延伏兵等)、诱惑(通过关系和利益拉拢孟达)及外交(通过外交结盟东吴孙权)等各种策略,没有通过血战而退敌,解除战争危机。

战争中,不通过血战而取得胜利的战例虽然不少见,但一般需要"威慑"和"诱惑"两个基本的前提条件。如果两个基本条件同时具备,作用更为明显。而在实际的操作中,常常是采取各种策略或策略组合。

在商业竞争中,强大的"威胁"和巨大的"诱惑",对于实现不战而屈人之兵,同样效果显著。我们来分析第二个案例:

 / 商业案例

华为收购港湾

2006年6月6日,华为和港湾网络联合宣布,根据双方签署的谅解备忘录,华为将向港湾收购包括路由器、以太网交换机、光网络、综合接入设备在内的宽带产品线的全部资产、人员、业务以及相关的

全部知识产权。①这显示，华为对2000年从华为离职的李一男北上创立的北京港湾网络有限公司的顺利收购，似有不战而屈人之兵的感觉。

其过程大致为：2000年10月，华为公司副总裁李一男离职，依靠自己在华为股权结算的价值1000多万元的设备，在北京创办了北京港湾网络有限公司，李一男同时带走的还有华为顶尖的研发与销售人才。李一男是非常聪明的人，15岁考入华中理工大学少年班，1993年硕士研究生毕业入职华为从事研发工作，1997年升职为华为常务副总裁。由于对行业技术发展具有敏锐判断和把握能力，被业界称为"奇才""精英中的精英"。这样一位超级精英，再加上带走的华为研发与销售的精英人才和非常好的激励政策，港湾成立即取得高速发展，港湾在2001—2004年分别实现销售额2亿、4.5亿、10亿和12亿元，可谓一路"高歌猛进"。

然而，港湾公司由于业务上与华为重叠而逐渐成为华为的竞争者。2003年港湾公司想进入光通信业务，谋求国际发展。而华为公司在国际光通信业务市场上一直阻击跨国公司进入，诸如西门子等跨国公司都想寻找光通信业务的合作者。一旦港湾进入光通信业务市场，就极有可能被跨国公司收购。如果是这样，将对华为在国际上的竞争造成巨大的威胁。于是，华为开始了对港湾的战争。华为迅速成立了打击港湾工作办公室，简称"打港办"，专门研究港湾公司的一举一动，采取相应举措。并且，打港办分为两个层面：一是日常运行层面，由

---

① 华为收购港湾网络：出走部将的回归，每周电脑报，2006年第48期第32页。

几十人组成，他们能够调动各种资源开展策略行动。二是战略层面，由集团副总裁牵头，每周向总裁汇报，讨论从战略上打击港湾。

在 2004 年到 2006 年上半年的两年多时间里，打港办的效率非常高，令港湾员工惊叹：华为打港办知悉港湾公司的每个细节，几乎能够挖走想挖走的任何人。港湾的员工比喻说："港湾就像生活在玻璃屋里。"打港办一是以优厚待遇招募港湾公司的研发与销售人才。据港湾一位员工透露，基本上每个研发人员隔一段时间就会接到来自华为的电话，以高工资和期权为诱饵挖他们去华为工作；二是以零利润与港湾抢业务订单；三是阻止港湾公司上市；四是阻止西门子等跨国公司收购港湾。

2005 年 9 月初，西门子开始与港湾洽谈收购事宜。华为当月就向港湾发送律师函，声称港湾侵犯了华为的知识产权，威胁诉诸法庭，并将该律师函发送给了西门子及港湾所有的合作伙伴和客户，并要求西门子放弃收购港湾的计划。因此，从 2006 年开始，西门子和港湾的收购计划一拖再拖，最终无疾而终。

在华为强大和坚定的打击港湾的压力与战略态势下，港湾确实感受到巨大的威慑力，再加上华为公司以优厚待遇招募港湾人才，使港湾公司从 2004 年年底开始士气涣散、业务停滞不前。

2006 年 5 月 10 日，华为总裁与港湾高层进行友好会谈，媒体报道的主题是："欢迎李一男重回华为怀抱"㊀。至此，华为终于实现

㊀ 任正非·任正非内部讲话：欢迎李一男重回华为怀抱，IT 时代周刊.2006 年第 12 期第 60-61 页。

了对港湾的"和平而完整的收购"。

从华为收购港湾的案例中可以看出,华为采取了如下策略:

第一,对港湾公司的业务进行强有力的打击行动,展示出强大的威慑力!

第二,通过知识产权诉讼函,展示知识产权的威慑力!

以上两点都具有"威慑力!"

第三,对港湾公司骨干员工和高层采取诱惑策略。

可以看出,和战争类似,"强大的威慑力"和"巨大的诱惑力"也是商业竞争中实现"不战而胜"的两个基本条件!

3.2 致人而不致于人:要时刻把握战略主动权

时刻把握主动权是《孙子兵法》中的总体战略原则之一。《孙子兵法》在战略与策略上都最大限度地坚持主动性原则。

孙子曰:"凡先处战地而待敌者佚,后处战地而趋战者劳。故善战者,致人而不致于人。能使敌人自至者,利之也;能使敌人不得至者,害之也。故敌佚能劳之,饱能饥之,安能动之。(《孙子兵法·虚实篇》)"

孙子说的意思是:先到达战场等待敌人到来就能够做好准备,做到以逸待劳。而后到达战场、急促应战的就非常紧张、疲惫。因此,会打仗的指挥官，总是时刻把握主动权，设法调动敌人而自己不为敌人所调动。并以利益为诱饵，使敌人主动上钩；或通过威慑使敌人被迫而不得不听从调遣。所以，要做到，敌人如果安逸，则要调动敌人，让其疲惫不堪；敌人如果处于温饱状态，则要能够使敌人失去温饱，处于饥饿状态；敌人如果安全稳定，则要能够使敌人陷入不安全、慌乱的状态。

这段话的中心意思就是，**在战略行动上，要时刻把握主动权**！在军事行动上要做到：主动出击，主动撤退。在商业发展上要做到：主动开发，主动放弃。

下面我们通过案例分析进一步理解：

/ 军事案例

平型关大捷（平型关伏击战）○

平型关大捷是八路军115师于1937年9月25日在山西省平型关附近对日军进行的一次成功伏击战。

平型关是晋东北的一个咽喉要道，两侧峰峦迭起，陡峭险峻，左侧有东跑池、老爷庙等制高点，右侧是白崖台等山岭。平型关山口至灵丘县东河南镇，是一条由东北向西南伸展的狭窄沟道，地势最险要的是沟道中段，长十多里，沟深数十丈不等，沟底通道仅能通过一辆汽车，能错车的地方极少，而南北沟岸却是比较平坦的山地，是伏击

○ 贺吉元．"平型关大捷"全景回眸，文史天地，2015年第11期第9-13页。

歼敌的理想地。然而在平型关一带的乔沟，则是一条很窄的沟壑，它是黄土丘陵被雨水长期冲刷形成的一处险隘，是过去灵丘至太原的官道，出了灵丘县城后，必经乔沟，所以乔沟就被115师首长确定为伏击点。

1937年9月23日，林彪、聂荣臻在干部会议上做出初步计划。115师主力布置在平型关到东河南镇10余里长的公路南侧山地边缘。686团位于白崖台附近，左侧是685团，右侧是687团，口袋底是115师第344旅，687团断敌退路并打援敌，688团作为预备队。这一部署使得进攻平型关的敌人完全处于包围圈伏击之中。为打好这场仗，战前115师长林彪曾三次到平型关乔沟一带进行实地勘察。

24日傍晚，林彪和聂荣臻向部队下达进入白崖台一线埋伏的命令。午夜24时，部队按时开进。为了隐蔽，各部选择了难走的崎岖小路。当时大雨如注，狂风不止，加上天黑路滑，行动十分困难。全团上下衣服被淋得透湿不说，几乎都成了"泥人"。深秋，山区的夜晚已是很冷，指战员一个个冻得直打哆嗦。紧随暴雨接踵而至的是罕见的山洪又突然暴发，奔腾的洪水拦住了八路军官兵前进的道路，此时战士们只能把枪和子弹挂在脖子上，手拉着手或者拽着马尾巴从齐腰甚至齐胸深的急流中蹚过，向预定的埋伏阵地急行。到9月25日清晨，经过一夜的风雨行军，115师按照预定时间赶到了伏击阵地并迅速构筑工事实施伪装，一夜风雨过后，加之山洪寒冷透骨，官兵们浑身上下全被洪水泡成了"黄泥汤"，冻得干部战士两腿麻木。25日拂晓前，第 685、第 686 和第 687 团全部进入预伏阵地。115 师做好了一切战斗准备。

25 日清晨 7 时，平型关的主战场——乔沟伏击战打响。日军第 5 师团第 21 旅团后续部队乘汽车 100 余辆，附辎重大车 200 余辆，由东向西缓慢地进入乔沟峡谷公路。当敌先头部队进入关沟与辛庄之间的岔路口时，早已埋伏好的 115 师同时开火，步枪、机枪、手榴弹、迫击炮的火力倾泻而下，顿时将日寇打得人仰车翻，全歼日寇 1000 余人。

分析这个案例可以看出，八路军经过夜间冒雨奔袭，预先到达战场，做好了伏击日寇的准备，以逸待劳，取得了伏击战的胜利！这诠释了孙子提出的："**先处战地而待敌者佚，后处战地而趋战者劳。故善战者，致人而不致于人。**（《孙子兵法·虚实篇》）"

 / 商业案例

VK 公司的主动创新转型

VK 公司创立于 2004 年，创业者程全由于在条码自动识别系统行业有六七年的经验，在调查分析后，认为该行业市场前景广阔，于是决定创办一家标签印刷服务公司。经过调查分析后，发现电子加工业客户的耐高温标签利润不错，且市场存在供不应求的状况。于是，将目标锁定在这个需求尚未完全被满足，竞争相对不太激烈的缝隙市场。经过半年的市场开发，公司获得了客户订单，开始正常运营起来。

2007年，公司进入快速成长阶段。

然而，随着中国电子制造业的发展，电子产品标签的市场需求快速增长，较为丰厚的行业利润吸引了越来越多的新进入者，导致行业利润逐渐下滑。许多新进入者以更低的成本进入电子标签印刷制造市场，市场竞争开始呈现出价格上的竞争，但还不是很激烈。

程全是做销售出身的，创立VK公司后也一直负责公司营销，对市场的发展变化非常敏感。程全想，如果这样发展下去，新进入者会越来越多，竞争会越来越激烈，所以，趁现在竞争还不是很激烈的时候，应该向技术含量更高一点的产品市场发展。所以，他就围绕着标签服务领域做了调查，发现便携式标签打印机更方便用户在各种场合使用，具有非常广阔的市场前景。而且，这类产品刚刚引入中国市场，主要是办公使用的高端产品，价格比较昂贵，中低端市场还没有相应产品。经过反复调查分析，程全决定开发便携式标签打印机。于是，公司从2008年开始研发便携式标签打印机，于2009年开始组建研发实验室和研发团队，每年投入百万元研发资金进行便携式标签打印机产品的开发。经过3年多的努力，到2011年，VK公司终于开发出样机，并于2012年投入小批量生产。经过商业化开发努力，VK公司的便携式标签打印机成功推向市场。由于推出市场比较早，发展势头良好，在技术上也获得了10多项专利，并注册了自主品牌。

从2015年开始，VK公司进入国际市场，在国内外市场业绩都很好。

市场的发展果然如程全所预料的那样，传统的标签印刷制作服务业务市场的竞争从 2009 年以来越来越激烈，再加上原材料价格的上涨和劳动力成本的提高，到 2015 年时，标签印刷制作服务业务发展困难。而 VK 公司较早地实施战略转型，到 2015 年已经依靠自主知识产权，成功打入具有较高科技含量的标签打印机产品市场。

从这个案例中，我们可以看出：这家公司是在标签印刷制作业务还处于成长期时便开始实施战略转型。这是公司预感到市场的发展变化，而主动采取的战略转型。这通过自主研发，经三四年的努力，成功实现了转型与升级。

在我国，大量从事代工的中小企业由于没有能够把握好时机，走向创新转型，而在劳动力和原材料等制造成本逐渐上涨的压力下陷入生存困境。

这一节，我们主要学习了孙子提出的"致人而不致于人"的战略原则，即时刻把握主动权的战略原则。对于企业而言，要努力做到引领市场，至少要做到主动地随市场环境的变化而变化，而不能被动地被市场环境推着走。所以，要主动创新发展，我们一定要记住《孙子兵法》的总体战略原则：要时刻把握战略主动权！所谓总体，既包括整体，也包括局部，也就是说，无论是从公司整体发展还是具体的战略执行行动，都要时刻把握主动权。

3.3 主不可以怒而兴师：理性决策与慎重行动

慎战，是孙子提出的基本战略原则。

孙子曰："**主不可以怒而兴师，将不可以愠而致战。合于利而动，不合于利而止。怒可以复喜，愠可以复悦，亡国不可以复存，死者不可以复生。故明君慎之，良将警之，此安国全军之道也。**（《孙子兵法·火攻篇》）"

意思是说：君主不可以因为一时愤怒而发动战争，将领也不能因为一时恼火或不高兴就命令作战。要慎重考虑，战争是否符合国家长远利益。符合国家长远利益就行动，不符合国家长远利益就不要行动。愤怒可以转化为喜悦，不高兴可以转化为高兴。但是，灭亡了的国家就不复存在，死掉的人也不能复生了。所以，对于战争，英明的君主一定要慎重对待、慎重决策！优秀的将帅一定要时刻警醒自己，对作战行动要慎重！这是安定国家、保全军队的基本原则。

/ 军事案例

刘先主遗诏托孤儿[一]

三国时期，关羽丢失荆州，败走麦城，为东吴孙权所害；蜀国君主刘备极为愤怒，不听诸葛亮等之力劝，不从大局考虑，执意要为关羽报仇，亲率70万兵马讨伐东吴孙权。孙权听阚泽建议，授命陆逊

[一] 《三国演义》第85回。

为大都督总督兵马,以破刘备。陆逊运用智谋使蜀军骄纵、麻痹、疲惫后,出其不意,火烧连营七百里,蜀军大败,刘备死于白帝城。刘备临终省悟到:不听诸葛亮之言,自取其败。

主不可以怒而兴师!

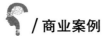/商业案例

悟空单车

悟空单车成立于2016年9月,注册资本10万元,是首家进入重庆市场的共享单车品牌。

2017年1月10日,悟空单车官方微博发布消息称:悟空单车正式进入重庆市场,首批投放单车2000辆,并逐步扩大覆盖范围,以每天500辆的速度完成布局,最终在重庆市大范围投放10万辆。

悟空单车采用合伙人模式运行:由投资人出资购买单车,创始人雷厚义负责平台的创建,车辆的管理、运营,收益三七开,悟空单车平台拿三成。

运营不久,因资金问题让悟空单车团队面临重重困难。悟空单车多次寻求市场融资,最终仍无法挽回退市的厄运。在正式运营5个月后,2017年6月13日,悟空单车官方微博发布最后一条消息:自2017年6月起,正式终止对悟空单车提供支持服务,退出共享单车市场,并承诺为用户办理退款。○

○ 赵晓祎,樊西玉.从悟空单车退市看共享单车发展对策,全国流通经济,2017年第17期第75-78页。

悟空单车是共享单车行业第一家倒下的企业。究其原因，正是没有秉持《孙子兵法》中"慎战"的原则，盲目莽撞地入局。具体表现为以下五点。

第一，没有认真做好投放区域市场的地理环境调查。悟空单车创业市场区域选择在重庆，但重庆山地、坡路多，根本不适合骑车。且重庆雨季长，单车生锈、损坏的维修费用也很高。

第二，没有认真分析共享单车的商业模式。雷厚义豪情满志，对未来寄予厚望。他对外宣布，悟空单车投入市场后，将以每天500辆的速度在几天内完成布局，并逐步扩大覆盖范围，最终将有10万辆悟空单车全面覆盖重庆城区。

这样的宏图伟志，却面临着庞大的资金缺口。在ofo和摩拜等头部企业采用融资方式扩大市场的同时，雷厚义却草率地决定用合伙人的模式撬动市场。他希望通过招募个人或小商家以众筹单车的形式，解决资金和区域运营的问题，每辆车标价为1100元，个人或商家均可认购，未来可获得运营收益的70%。然而，事与愿违，不论是线下还是线上，都没有人愿意投资。由于个人或小商家的风险承担能力太弱，要等悟空单车盈利后才愿意参与进来，但共享单车早期是难以盈利的。最终，雷厚义通过这个模式只筹集到了13万元。盲目采用合伙人模式筹集资金，导致资金链断裂。对合伙人模式没有足够的预判，盲目地跟着直觉进入市场，完全违背了慎战的原则。

第三，对市场的估计过于乐观，大量下单生产单车，却无力支付后续款项而损失 240 万元定金。悟空单车的第一批投放量仅有 200 辆。到第二批进入市场时，悟空单车却莽撞地向天津一个自行车厂下了 10000 辆的订单，加上锁和物流成本，总计 800 万元左右。交付定金 30%，240 万元。后来，因为没有拿到投资，合伙人模式也没走通，无力支付后续款项，导致 240 万元的定金付诸东流。下单生产要审慎再审慎，开口就是 10000 辆的订单明显高估了市场，莽撞盲目，不够慎重。

第四，没有对市场竞争结构与态势做出认真、客观的分析。对于新进入的小公司而言，共享单车行业很残酷，头部集中效应明显：资金集中、资源集中（如供应链资源、媒体资源）。头部玩家在共享单车市场有着绝对的占有率，极大地影响了后起单车品牌的成长空间。

第五，悟空单车投放的第一批 200 辆单车，投放时为了低成本、快速占领市场而采用机械锁。但由于城市是开放的环境，单车在投放不久后就分散了，而且由于使用的是没有定位功能的机械锁，所以随后连车也不见了，丢失损耗率达到 90%。

3.4 以"凝聚力"为核心的战略规划

在所有一切的战略研究中，第一个必须注意和强调的观念即为总体观念。战略是一个总体，计划也是一个总体。战略家（长期计划者）必须养成总体化的思想方式。在长期计划作为中，最重要的是能坚持总体观念，运用总体思考，以求总体解答，这比任何细节、任何技巧都更为重要。

李德·哈特曾说："一项计划就像一棵树必须有分枝一样，否则就不会结果。只有一个单纯目标的计划很可能会变成一根光杆。"

从系统的角度来看，系统是关联部分组成的整体，而总体包涵了整体与局部。如果以树木来表示"部分或局部"，森林表示"整体"，则总体是同时既见"树木"又见"森林"，即总体是同时考虑整体与局部。

即：总体 = 整体 + 局部。

因此，做战略规划，既要做整体规划也要做局部规划。

那么，我们怎么根据《孙子兵法》的战略思想来进行战略规划呢？

1. 以"凝聚力"为核心的八要素战略规划模型

《孙子兵法》第一篇中讲到决定战争胜负的八个战略要素，即：道、天、地、将、法、兵众、士卒、赏罚。既然这八个要素是决定战争胜负的战略要素，那么，我们就根据对战争双方的八个战略要素的分析结果，来制定赢得战争胜利的战略规划。

根据孙子的观点，这八个战略要素构成了以"道"为核心的十面体模型（见图 3-1）。

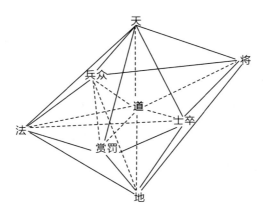

图 3-1　以"道"为核心的十面体模型

根据第 2 章中对《孙子兵法》八个战略要素转换为商业战略要素的研究结果，可以把《孙子兵法》以道为核心的十面体模型转换为企业战略规划模型，如图 3-2 所示。

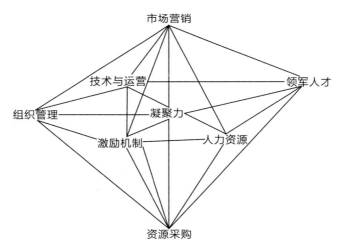

图 3-2　基于《孙子兵法》八个战略要素的商业战略规划模型

2. 制定战略规划

战略规划由公司整体战略规划和具体业务或职能战略规划两部分构成。

第一部分是公司整体战略规划。公司整体战略规划主要包括：公司战略目标、战略原则、整体战略规划方案。

（1）公司战略目标。即制定公司"不战而胜"的战略目标。参见 3.1 节内容。

（2）公司战略原则。确定公司战略决策与战略行动的原则。参见 3.2 节与 3.3 节内容。

（3）公司整体战略规划方案。整体规划方案要建立战略要素的关系，如图 3-2 所示。

第二部分是具体业务或职能战略要素规划。即根据对八个战略要素的比较分析（校八计）结果，制定每一个战略要素的战略规划：

（1）公司凝聚力建设规划。以提高公司凝聚力为核心的文化与制度建设，包括公司文化、共同价值观与相关制度建设。

（2）公司总经理发展规划。包括总经理和各项业务的高级领军人才的培养与开发规划。

（3）营销能力规划。包括市场发展、变化的预见分析能力、机会发现与把握能力、产品开发能力、销售能力、渠道能力等营销能力的规划，目标是提高市场竞争力，实现不采用价格战而赢得市场绩效。

（4）资源采购规划。包括原材料采购以及社会各种资源的运用能力。

（5）组织管理规划。包括组织结构、组织制度、物资管理、财务管理等。

（6）研发与技术生产规划。包括生产工艺技术、设备技术、研究开发与技术创新能力、生产能力与生产质量等。

（7）人力资源规划。根据公司发展需要制定公司人力资源发展规划，包括招募与甄选、培训与培养、考核与绩效管理、职业发展等。

（8）激励机制规划。主要包括物质与精神、短期与长期激励机制的规划。

每项规划都是要从制定目标开始，即按照时间制定目标体系，而不是单一的目标；确立原则、方针，设计制定实现目标的行动方案等。

3. 动态战略规划

孙子曰："夫兵形象水，水之形，避高而趋下，兵之形，避实而击虚。水因地而制流，兵因敌而制胜。故兵无常势，水无常形，能因敌变化而取胜者，谓之神。（《孙子兵法·虚实篇》）"

杜牧曰：兵之势，因敌乃见；势不在我，故无常势。如水之形，因地乃有；形不在水，故水无常形。水因地之下，则可漂石；兵因敌之应，则可变化如神者也。王晳曰：兵有常理，而无常势；水有常性，而无常形。何氏曰：行权应变在智略。智略不可测，则神妙者也。张

预曰：兵势已定，能因敌变动，应而胜之，其妙如神！○

面对复杂多变的商业社会环境，我们对环境发展变化的预测是非常有限的，而有些变化是我们无法预测的。因此，我们的计划也需要根据外部环境和内部环境的变化而不断调整。

我们根据对外部环境进行的预测分析，并结合自身的资源能力，制订了五年发展计划，当我们按照制定的五年规划方案，实施第一年的计划，到第一年的年底时，未达到预期的计划目标。这时，我们应该认真分析：

（1）实际实现的目标和计划实现的目标的差距有多大？

（2）产生差距的原因是什么？

（3）原因是来自外部的环境因素的变化，还是来自内部因素的变化？

根据内外部环境因素的变化，我们要及时调整计划或修订计划。这种调整或修订，不仅仅是修改第二年计划，而是在仔细修改第二年计划的基础上，对未来五年的内外部环境再次进行预测分析，调整、制定从第二年开启的未来五年发展规划。

依次类推，每年都应制定未来五年发展规划（如图 3-3 所示）。

○ 【春秋】孙武撰，曹操等注，杨丙安校理.十一家注孙子，北京：中华书局，2012 年版第 113 页。

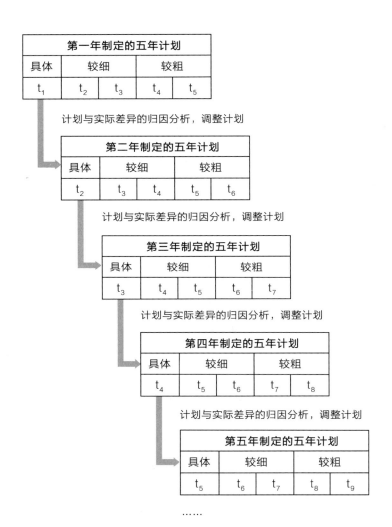

图 3-3　动态战略规划模型

第 4 章

"以正合,以奇胜"的战略行动

兵之所加，如以碫投卵者，虚实是也。

——《孙子兵法·势篇》

夫兵形象水，水之形，避高而趋下，兵之形，避实而击虚。水因地而制流，兵因敌而制胜。故兵无常势，水无常形，能因敌变化而取胜者，谓之神。

——《孙子兵法·虚实篇》

凡战者，以正合，以奇胜。故善出奇者，无穷如天地，不竭如江河。战势不过奇正，奇正之变，不可胜穷也。奇正相生，如循环之无端，孰能穷之？

——《孙子兵法·势篇》

4.1 知胜有五：战略评估

尽管我们进行了切实的调查和缜密分析，制定了具有可实施性的战略方案，但是，我们无法控制竞争对手及复杂的环境变化，所以，我们在行动前，尚且需要对我们的战略方案进行可行性评估。

那么，怎样评估呢？孙子提出，可以在战略计划实施的过程中或实施前，从五个方面评价方案的可行性。

孙子曰："故知胜有五：知可以战与不可以战者胜；识众寡之用者胜；上下同欲者胜；以虞待不虞者胜；将能而君不御者胜。此五者，知胜之道也。（《孙子兵法·谋攻篇》）"

1. 知可以战与不可以战者胜

王晳曰：可则进，否则止，保胜之道也。张预曰：可战则进攻，不可战则退守，能审攻守之宜，则无不胜。梅尧臣曰：量力而动。

在战略方案实施前，还要对方案的可实施性做一次评估，再次评估或审视一下自己的竞争实力，是否具备马上实施战略方案的条件？能否顺利实施战略方案，顺利实现战略目标？

2. 识众寡之用者胜

杜牧曰：先知敌之众寡，然后起兵以应之。王晳曰：谓我对敌兵之众寡，围攻分战是也。张预曰：用兵之法，有以少而胜众者，有以多而胜寡者，在乎度其所用，而不失其宜则善。如《吴子》所谓用众者务易（易，部队易于展开），用少者务隘（人少，则要据险隘而击或守）是也。

在商业竞争中，这涉及业务团队的人员结构与数量配置问题。人员结构包括专业、知识与经验的结构、岗位角色分工结构、年龄结构以及性别结构等；每一角色需要多少人最合适，注重质量而非数量，任务增多时不要盲目增人。人员配备的最佳水平应在表面需要的90%左右；低于或高于这个水准都会使产出降低；临时高峰时通常可以通过加班解决。如果是长期战略性的团队，团队成员的年龄结构要合理。

3. 上下同欲者胜

曹操曰：君臣同欲。杜佑曰：言君臣和同，勇而战胜者。李荃曰：观士卒心，上下同欲，如报私仇者胜。王晳曰：上下一心。张预曰：百将一心，三军同力，人人欲战，则所向无前矣。孟子曰：天时不如地利，地利不如人和。

战略方案实施前，不可不考虑人心如何，意见是否一致。

4. 以虞待不虞者胜

《左传》曰：不备不虞，不可以师。孟氏曰：虞，度也。杜佑曰：虞，度也。以我有法度之师，击彼无法度之兵。李筌和杜牧曰：有备预也。王皙曰：以我之虞，待敌之不虞也。

孙子曰："凡先处战地而待敌者佚（同"逸"），后处战地而趋战者劳。（《孙子兵法·虚实篇》）"

在战略行动前或一项方案实施前，应仔细审问自己："是否准备好了（包括客观和主观，物质和心理）；确认准备好了，再付诸行动。"

5. 将能而君不御者胜

将既精能，晓练兵势；君能专任，事不从中御。故曰：指授在君，决战在将也。李筌曰：将在外，君命有所不受者胜，真将军也。梅尧臣曰：自阃以外，将军制之。吴王孙权筑坛拜陆逊为东吴大都督，吴王谓陆逊曰：阃之内，孤主之；阃之外，将军制之。

若能按"五德"之标准选任将领，则要充分授权，不过分干涉，即"将能而君不御"。对于有能力、胜任岗位职责的管理者，赋予与岗位相匹配的权力，使其在岗位工作时，能够根据环境变化及时做出正确决策，顺利实现目标，是现代企业管理的基本原则。

战略方案是在战略分析的基础上制定的，为什么在战略方案要启动实施时，还要进行战略评估呢？这是因为，战略环境是时刻都在变化着的，为了更为准确地把握战略环境的变化，以做出更切合实际的资源能力配置和战略行动，以期顺利实施战略目标，所以，不仅仅是在战略方案启动实施时对战略方案实施评估，而且在战略方案实施的过程中，如果战略环境有所变化，也需要对正在推进的战略方案进行可行性评估。孙子认为，"知彼知己，知天知地，胜乃可全"，所以，在战略实施的全过程，都必须做到"知彼知己，知天知地"。因此，在战略评估时，要根据战略环境的调查分析，对战略方案的可实施性进行评估。评估模型如图4-1所示。

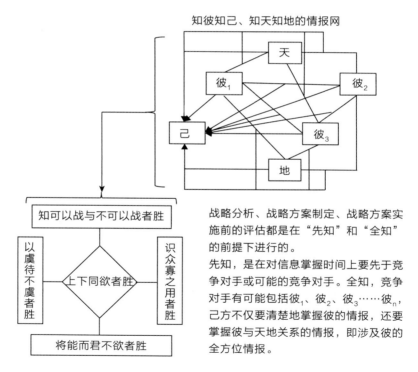

图4-1 基于知彼知己、知天知地的战略评估模型

4.2 形、势、节：战略布局

孙子曰："昔之善战者，先为不可胜，以待敌之可胜。……故胜兵先胜而后求战，败兵先战而后求胜。……若决积水于千仞之谿者，形也。（《孙子兵法·形篇》）""激水之疾，至于漂石者，势也。鸷鸟之疾，至于毁折者，节也。是故善战者，其势险，其节短。势如彍弩，节如发机。（《孙子兵法·势篇》）"

1. 形

孙子在形篇中论述了有关军事实力"形"的一系列论题。首先，孙子主张"先为不可胜，以待敌之可胜。""胜兵先胜而后求战"，孙子认为，胜利是建立在自己实力强大，不可战胜的基础上，要打有准备之战，要打有把握之仗。第二，论述了"隐形"，战争要依靠实力取胜，但为了以最小的代价取得胜利或不战而屈人之兵，有时需要隐藏自己的实力，使敌人产生错觉。第三，主张以绝对优势之"形"对绝对劣势之"形"，即"以镒称铢"，努力实现不战而屈人之兵。

（1）什么是"形"

孙子曰："昔之善战者，先为不可胜，以待敌之可胜。不可胜在己，可胜在敌。故善战者，能为不可胜，不能使敌之可胜。故曰：胜可知而不可为。不可胜者，守也；可胜者，攻也。守则不足，攻则有余。善守者，藏于九地之下，善攻者，动于九天之上，故能自保而全胜也。（《孙子兵法·形篇》）"

"昔之善战者，先为不可胜"，孙子指出，善于打仗的将领，要首先积蓄战争实力、创造条件，保障自己不被敌人战胜；孙子进一步指出："不可胜在己"，就是说，创造不可被敌人战胜的战争实力，在于我们自己的对战略实力的开发创造。

"不可胜者，守也；可胜者，攻也。守则不足，攻则有余。"意思是说，如果我们不具备胜利的条件，我们就积极防守！如果我们具备可战胜敌人的条件和时机，我们就积极进攻！"守则不足，攻则有余"则是说，之所以守，是因为我们进攻敌人取得胜利的实力与条件不足；之所以攻，是因为我们进攻取胜的实力与条件绰绰有余。

孙子曰："古之所谓善战者，胜于易胜者也。故善战者之胜也，无智名，无勇功，故其战胜不忒。不忒者，其所措必胜，胜已败者也。……是故胜兵先胜而后求战，败兵先战而后求胜。（《孙子兵法·形篇》）"

古代善于作战的人，在战争刚刚露出端倪时就运用战略智慧熄灭了战争，胜利于战争萌芽之时，不战而胜，故曰易胜。胜利于战争还没有暴发之时，天下不知道怎么胜的，故无智名；兵不血刃，敌国已服，故无勇功。"不忒"是没有失误或偏差的意思；不忒者，其所措必胜。意思是说，没有失误的将领，所采取的战略举措必定取胜；之所以不会出现差错，是因为所战胜的是本来就已处于失败境地的敌人。

胜兵先胜而后求战，所谓胜兵，是在战前的战略分析时，就已具备"多"算的胜利条件。首先具备足够的胜利条件，然后，再趁机进攻敌人，则一定胜利。败兵先战而后求胜，所谓败兵，就是在战前进行战略分析时，胜利条件少或没有胜利条件的一方。胜算少的一方，在没有开战前就已经处于失败的局面时，如果不甘心失败，那么就积极主动出击，先战，以战求胜。若不战也是失败，而且是必定失败，选择主动战，或许有伺机取胜的可能。

那么，怎么才能做到胜兵先胜呢？孙子曰：**"一曰度，二曰量，三曰数，四曰称，五曰胜。地生度，度生量，量生数，数生称，称生胜。（《孙子兵法·形篇》）"** 这句话的意思是说，打仗的胜负，取决于作战双方的资源能力，第一是"度"，即土地幅员辽阔程度；第二是"量"，即军需物资粮草的数量；第三是"数"，即士卒数量的多少；第四是"称"，即双方资源能力的对比；第五是"胜"，就是称量、对比后，就知道胜负了。孙子在这里只是强调了可用于战争上的粮草资源、人力资源数量上的多少。简单地说，肥沃的土地有多少，有多少肥沃的土地，就能够盛产多少粮食，有多少粮食就能够养育出多少作战士卒，把双方的作战士卒和军需粮草等军事实力做对比，就知道谁胜谁负了。那么，什么是胜兵呢？孙子继续说："故胜兵若以镒称铢，败兵若以铢称镒"。"镒"和"铢"都是古代重量单位，镒是铢的576倍。"胜兵"以"镒"称"铢"，就是以绝对的竞争优势对绝对的竞争劣势。"败兵"以"铢"称"镒"，就是以绝对的劣势对绝对的优势力量。

孙子最后说：**"称胜者之战民也，若决积水于千仞之谿者，形也。**

(《孙子兵法·形篇》)"在战前的对比分析中,在军事实力处于绝对优势的"胜"者,所拥有的军事实力就像能够随时可以决开的、积存在千仞高山上的积水,它一旦决开、放下,就会瞬间倾泻直下,产生巨大的势能!这个可以决开、放下的"千仞之谿"就是"形"。孙子说的"形"是可以运动的"水",是可以产生动力的"水"。

孙子单独用一篇专门讲"形"。孙子首先提出"先为不可胜",是强调首先要积蓄自己的实力,不被敌人所战胜;继而提出"胜兵先胜",就是在开战前就已具备了必胜的实力;这实力就是"形"。其次,孙子讲了根据实力采取防守或进攻的战略,论述了"隐形",就是要善于隐藏自己的实力。最后,提出了以绝对优势之"形"对绝对劣势之"形",即"以镒称铢"的战略战术。到篇尾,形象地给出了形的定义。"形"是运动的水,一潭死水不是"形",即"形"是可以运动的物质。这样说来,"形"就是在战争中可以使用的、能够产生战斗力量的战略资源能力。也就是孙子在第一篇中讲的"算"。孙子说:"多算胜,少算不胜"。孙子讲的"算",就是决定战争胜负的关键资源能力的总和。

对于商业企业的发展与竞争而言,"形"就是可以灵活调配运用、能够产生竞争力的资源能力的总和。

(2)蓄形

孙子说的"算",是指决定战争胜负的 8 个关键要素,包括将军能力、士卒能力与数量等人力资源、武器装备、粮草等物质资源的质量与数量，"道"与"法"等管理资源、战略资源能力。

为了赢得对敌战争的胜利，需要做好战争的准备，即开发积累各种资源能力。这就是"蓄形"。

蓄形，包括自己对资源的开发和各种能力的开发。在军事上，包括对将军的培养开发，对士卒的培养开发，以及武器装备的研究开发，先进而庞大的信息情报网络的开发建设，军队文化与制度建设等。同时，并非所有的资源我们都能够依靠自己进行开发，还需要从其他国家购买必要的资源，也需要借助其他国家的能力。对于商业企业而言，对于战略资源能力的开发，同样也需要从企业外部购置。对于现代战争和商业竞争，先进、全面立体的信息情报系统对于赢得战争和商业竞争的胜利都是非常重要的。

所以，资源能力开发包括内部资源开发和外部资源利用两种渠道，通过这两种渠道来提高自己的战略资源能力。

资源开发积累后，就需要把资源能力配置到能够产生最大战斗力的位置上，以期最大限度打击敌人，取得胜利。

当把强大的资源能力放到对敌人产生强大打击力量的位置时，就造成了对敌人的战略打击的"势"，那么，什么是"势"呢？

2. 势

战略上"势"的概念是由孙子首先创立的，所谓的"势"就是将领在充分运用客观条件的基础上，最大限度地发挥主观能动性，灵活运用奇正策略，避实击虚，造成对敌要害部位具有巨大威慑力的险峻的战略态势，这一过程即人们常说的"造势"，其实是"造态势"或"造形势"；在最佳攻击时机到来的时刻发起攻击，这一攻击过程，要瞄准目标，不能偏离，又要用最大速度以激发最大"势"（攻击力），以期取得最大效应（最大绩效）或称"势效应"（势绩效），这一过程即为"任势"。而任势之机即最佳攻击时机，孙子称之为"节"，"节"是任势之关键。孙子认为，最优秀的将领追求战争胜利，应"求之于势，不责于人，故能择人而任势。"把"势"提到了战略指挥艺术的巅峰。

（1）什么是"势"

孙子曰：**"凡治众如治寡，分数是也；斗众如斗寡，形名是也；三军之众，可使必受敌而无败者，奇正是也；兵之所加，如以碫投卵者，虚实是也。（《孙子兵法·势篇》）"**

"凡治众如治寡，分数是也"，意思是说，带领管理很多士卒和带领管理很少士卒是一样的，为什么呢？孙子说，"分数是也"。分数，是一个词组，分是指分层，数是指人数。就是说，把众多士卒划分为层级建制，每一层级又设置多少下一层级等。这样，对军队进行编制，就可以管理十万、几十万之众。所以，韩信说他带兵多多益善。

我们在前边分析"形"后知道，孙子所说的"形"就是在第一篇中说的"算"，就是"战略资源能力的总和"，包括武器装备、士卒素质和数量等硬资源，管理制度与文化等软资源。士卒的素质和数量构成了战斗资源,但是,如果是一盘散沙,不能够统一指挥,统一行动,就难以产生巨大的战斗力量。为了带领十万之众,打赢战争,孙子提出,**要合理地进行组织建制,分层管理**。这是孙子提出的组织结构管理,以使战略资源在战斗中产生战斗力量。

"斗众如斗寡,形名是也",意思是说,指挥很多士卒与敌人作战和指挥很少士卒和敌人作战是一样的。为什么呢?孙子说,形名是也。形名是一个词组,**就是充分运用"号令"系统指挥军队打仗**。旌旗是通过视觉信号传达命令,金鼓是通过听觉信号传达命令。这是说,指挥大部队作战,能够在战争中取得胜利,一定要设置完善的指挥系统,以便于在战斗中既可集中也可分散,灵活机动,打击敌人,赢得战争。这里讲的依然是通过管理指挥制度,使战略资源在战斗中产生战斗力量。

"三军之众,可使必受敌而无败者,奇正是也;兵之所加,如以碬投卵者,虚实是也。"三军是上、中、下三军,意思是说,敌人无论从哪个方向进攻,我都能够灵活运用"奇"与"正"的策略应对,从正面打击敌人和侧翼打击敌人,或正面防守,从侧翼打击敌人,"正"与"奇"并非固定,而是根据敌情、我情及战场环境的变化而变化,从而立于不败之地。战斗力量是作战资源能力发挥作用的体现,因此,作战力量的配置是采取奇、正配置,并根据敌人和战场环境的变化,灵活机动地进行转换与调整。所以,战斗力量是从侧翼攻击敌人还是从正面攻击敌人,要根据敌人的变化和环境的变化而灵活机动。而产生"势"的是形的运动，或形的运用。形是战略资源能力，在战斗开始前，把战略资源能力部署到对敌人能够产生致命打击的位置；在战斗的过程中，根据敌人的变化和环境的变化，把战略资源能力及时调整到能够对敌人产生致命打击的位置。当战略资源能力处于能够对敌人造成致命打击的位置时，这时的战略资源能力就是潜在的战斗力量，也就是潜在的"势"，可以称之为"形势"或"态势"。而且，**"态势"是动态的，是根据敌人的变化而动态调整的。**

"兵之所加，如以碬投卵者，虚实是也。"就是说，军队所出击的地方，就像以石击卵，是"以实击虚"也。在军力配置上，一定要对敌构成绝对优势力量的"态势"。

孙子曰："凡战者，以正合，以奇胜。故善出奇者，无穷如天地，不竭如江河。终而复始，日月是也。死而复生，四时是也。声不过五，五声之变，不可胜听也；色不过五，五色之变，不可胜观也；味不过五，五味之变，不可胜尝也；战势不过奇正，奇正之变，不可胜穷也。奇正相生，如循环之无端，孰能穷之？（《孙子兵法·势篇》）"

孙子这段话，有两点需要简单解释一下：

第一是"以正合，以奇胜"。什么意思呢？按照曹操等注释家的注释，是说，先出为正，后出为奇；以正面对敌交战的为"正兵"，而从侧翼进攻敌人的为"奇兵"。而且，所进攻的侧翼，是**敌人空虚或防备薄弱之地**。在正面牢牢地吸引敌人，而精锐部队从侧翼奇袭敌人；当敌人侧后遭到突然强大的攻击力量的攻击时，将丧失战略平衡，其结果是敌人自动崩溃或轻易被击溃。因此，孙子说"以正合，以奇胜"。

第二是"战势不过奇正"。"战势"是什么意思呢？孙子在这里虽然提到了"势"，但还没有详细地定义什么是"势"。查阅《说文解字》，势，是大的权力；从力，力量的力。"战"，是战斗。如此看来，战势就是战力，即战斗的力量。所以，战势不过奇正，就是战斗力量的分配或兵力部署，无非是"奇"与"正"；但"奇"与"正"，是要根据敌人的变化或战争环境的变化而不断变化的。所以，孙子说，"奇正之变，不可胜穷也"。

孙子曰："激水之疾，至于漂石者，势也；鸷鸟之疾，至于毁折者，节也。是故善战者，其势险，其节短。势如彍弩，节如发机。（《孙子兵法·势篇》）"孙子说：**急速流动的水，产生了能够把大石头冲击得飘动起来的冲击力量，这种"冲击力量"就是"势"。**也就是说，**急速流动的水产生的冲击力量就是"势"。**孙子在这里第一次解释了"势"。

孙子在这段又提出了"节"的概念。孙子说：急速俯冲下来的大鸟，能够捕杀小动物，是抓住了能够捕杀小动物的机会。这个机会就是"节"。进一步，孙子说，善于打仗的将领，所发出的战斗力量具有异常的威慑力，时机短促，使敌人猝不及防。孙子进一步解释说，**势就像巨大的弓箭射出的、冲击力量巨大的箭矢，速度非常之快，打击或穿透力量很大，**瞬间即可击中目标，这一瞬间，就是扣动弓弩的扳机。正因为弩弓发射出去的箭矢冲击力大、速度快,瞬间即可击中目标,所以,需要发射者瞄准目标,抓住瞬间机会,及时扣动扳机,才能击中目标。孙子在这里说的"势如弩弓",**是说"势"就像拉满弓射出去的箭矢所产生的极大的冲击力量。**

孙子曰:"**纷纷纭纭,斗乱而不可乱也;浑浑沌沌,形圆而不可败也。乱生于治,怯生于勇,弱生于强。治乱,数也;勇怯,势也;强弱,形也。故善动敌者,形之,敌必从之;予之,敌必取之。以利动之,以卒待之。**(《孙子兵法·势篇》)""纷纷纭纭,斗乱而不可乱也"是说,率军打仗的将领,在混战的战场上,要指挥若定,使我方形阵不混乱。"浑浑沌沌,形圆而不可败也"是说,在混战的战场上,要结为圆形战阵以立于不败之地。两军混战,乱的一方是由于对方治理有序;胆怯的一方是由于对方勇敢;柔弱的一方是由于对方强硬。治或乱,数也,数乃分数是也。就是说,混战中,敌我双方,谁是"治",谁是"乱",在于各自的部队建制是否合理、管理制度是否完善。勇怯,势也。**势是力量。**是说,勇与怯,是双方力量的对比。强弱,形也。形是可以运动的物质,是可以用于战斗的资源能力,一旦用于战斗就能够产生冲击力量,即势;士卒是可以运动的人,拿着武器向前冲击就产生冲击力量。所以,强与弱,是双方可用于作战的资源能力大小、强弱的对比。"故善动敌者,形之,敌必从之;予之,敌必取之。以利动之,以卒待之。"意思是说,善于调动敌人的将领,以弱形诱敌,以利益诱敌,诱惑敌人冒进或轻进,而我军以精锐士卒伏击、消灭敌人。

孙子曰："**故善战者，求之于势，不责于人，故能择人而任势。任势者，其战人也，如转木石。木石之性，安则静，危则动，方则止，圆则行。故善战人之势，如转圆石于千仞之山者，势也。**（《孙子兵法·势篇》）"

"善战者，求之于势，不责于人，故能择人而任势。"是说，善于打仗的将领，最为主要的是根据战争或战场环境与敌人态势而积极造势，并充分运用战势。所谓战势，孙子曰："战势不过奇正，奇正之变，不可胜穷也。"战斗力量或兵力部署与行动策略，无非是奇与正，但奇与正，是要根据敌人的变化或战争环境的变化而不断变化的。因此，不责于人。责的意思是责成、要求。如果从兵力部署上说，就是不固定地责成或不规定哪一部分、哪一方位为正，哪一方位为奇，必须做到根据敌人的变化和环境的变化进行奇正转换。如果能够在战前通过训练使部队拥有灵活机动的作战能力，并做好战略部署，根据敌人或环境的变化，及时演变出有利的势，自然不必完全依赖士卒拼死苦战。不必苛求士卒，最为主要的前提是造势、任势与抓住时机。

"**任势者，其战人也，如转木石。木石之性，安则静，危则动，方则止，圆则行。**"是说，善于驾驭势态的将领，指挥军队作战，犹如转动木石。就是根据需要，随时能够让滚木雷石静止或滚动。

"**故善战人之势，如转圆石于千仞之山者，势也。**"是说，善于指挥军队作战的将领，对敌人打击的势，就像把位于千仞高山顶上的圆石滚动下来，而产生的巨大的冲击力量，就是"势"。

归纳孙子关于"势"的论述，可以看出孙子所定义的"势"具有如下含义："势"是物质流动产生的冲击力。而要产生强大的冲击力，则需要把可以移动的大量的物质（形），放置在能够产生巨大冲击力的位置上，这个位置可以是险峻的高山上，也可以是最有利于攻击敌人目标的位置。将运动物质（形）放置到能够产生巨大冲击力的位置上，构成产生冲击力的态势，常常被称为"造势"，但所造的仅仅是具有产生巨大冲击力的"态势"，还没有产生巨大冲击力，还不是真正的"势"，而是潜在的"势"。就战争而论，冲击力量就是战斗力量。因此，"势"就是指在战争中发挥出来的战斗力量或战斗力量的总和。

对于商业竞争，势就是企业在竞争中发挥出来的综合竞争力。这个竞争力，不是我们在第 2 章中通过"校八计"分析而得出的"算"，这个"算"仅仅是战前静态分析时，对双方综合竞争实力的比较，是"形"，是潜在的竞争力；是否能够发挥或发挥多少作用，产生多大的绩效，还要看把这些"潜在的竞争力量"放到什么位置上，针对目标，所产生的作用力有多大。这个由潜在力量对准目标而产生的作用力才是"势"，在战争场合称之为"战斗力量"，在商业竞争场合称之为"竞争力"。

那么，无论是战争还是商业上的竞争，"势"能否击中战略目标，创造出良好的战略绩效呢？非常重要的就是，所发挥出来的战斗力量或竞争力量能否瞄准战略目标呢？能否把握住击中目标的机会呢？这就是孙子所说的"节"。

（2）什么是"节"

前文讲过孙子提出了节的概念。孙子说，**善战者，其势险，其节短**。李荃曰：弩不疾则不远，矢不近则不中。杜牧曰：弓，张也。如弩已弓，发则杀人。机者，故须以近节量之，然后必能中。其节短，短乃近也。张预曰：如弩之张，势不可缓；节如机之发，节不可远。这就是说，若想最大化地发挥出势效应，就是使战斗力量的作用最大化，力量的发射点和目标要尽可能近，以保证瞄准目标和发射出去的力量足以产生最大的效应。要做到这一点，关键的问题是，要根据战略目标做好战略布局，同时，也要能够根据战略目标的变化而调整战略布局。

3. 造势：动态战略布局

根据孙子对"形"与"势"的论述，我们清楚地知道，"形"是可以运用于战争的综合资源能力的总和；"势"是"形"也就是综合资源能力运用于战争中所发挥出来的战斗力量。

孙子说：**"战势不过奇正，奇正之变，不可胜穷也。奇正相生，如循环之无端，孰能穷之？（《孙子兵法·势篇》）"** 这里所说的"战势不过奇正"是指，打击敌人的力量无非是从正面打击和侧后打击；而且，什么时候从正面打击，什么时候从侧后打击，要根据敌人或战场环境的变化而变化。对敌人的打击力量来自我方针对要打击的敌人目标所配置的军力，这个军力就是"态势"。因此，按照孙子原意，这个"态势"所处的位置和所配置的、可发射出去的攻击力量的大小，就是按照战略目标而进行部署的，也可以按照敌人的变化和战场环境的变化而进行调整的。这就是动态战略布局。

最典型的是戚继光根据《孙子兵法》奇、正原理创造的"一头两翼一尾阵""鸳鸯阵"及"两仪阵""五行阵"，大小"三才阵"。[一]奇、正战势的阵型布局、调整以及奇、正的变化，都是根据敌人的变化和战场的变化而调整变化的。

企业是在竞争中发展的，所以，企业的竞争是长期的，因此，企业的战略布局也需要从长远考虑。所以，企业的战略布局是企业业务发展的选择，也就是企业把资源能力投入到哪些业务领域的资源能力配置，同时企业须随着公司发展、行业或市场竞争的变化，对各业务领域的资源能力配置进行动态调整，以期获取竞争优势或保持持续竞争优势。

那么，如何布局呢？孙子论述了借助自然环境的重要性，比如把石头从高山顶上抛下来或滚下来，就能够产生巨大的冲击力。企业在进行业务选择与资源能力配置时，当然也要借助外部政治、经济与市场发展之趋势做顺势布局，即顺应市场发展趋势或政治经济大势、环境发展大势等大的趋势，进行公司的资源能力配置。当市场发展趋势发生变化时，要及时调整战略布局，及时调整资源能力配置。

[一] 范中义著.戚继光兵法新说，解放军出版社，2008年。

> /商业案例
>
> **小米的顺势而为：台风口上，猪也能飞**
>
> 在2011年百度世界互联网大会创业与投资机遇分论坛，作为嘉宾的小米董事长雷军说："我这些年在创业中体会最深的东西，就是你做的事情是不是在台风口，就是猪都可以飞得起来的台风口，我们自己稍微长一个小翅膀，肯定能飞得更高。所以，怎么在合适的时间做合适的事情，我觉得是创业者要花很多时间去思考的。"
>
> "台风口上，猪也能飞"，这句话是雷总对"顺势而为"的形象描述，雷军极为推崇"顺势"的做事理念。如果把创业者比作幸运的"猪"，行业大势是"台风"，还有用户粉丝的参与也是"台风"。⊖

4.3 伐谋、伐交、伐兵、攻城：策略选择

孙子反复强调，战争成本太过高昂，主张最好是不打仗。对于不得不打的战争，也主张"不战而屈人之兵"。那么，该怎么做出战略选择呢？孙子曰："**故上兵伐谋，其次伐交，其次伐兵，其下攻城。**（《孙子兵法·谋攻篇》）"孙子按照战争成本由小到大的次序提出了四种策略（见图4-2）。

⊖ 黎万强著. 参与感：小米口碑营销内部手册，中信出版社，2014年。

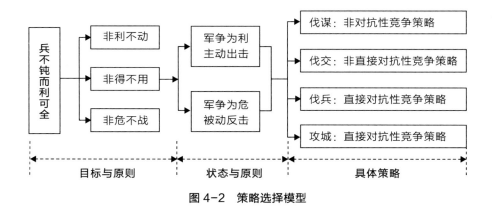

图 4-2　策略选择模型

1. 上兵伐谋

上兵，"上"是"上等""最优""最好"；"兵"是"打仗""作战"。即：上等的或最优选的打仗策略是"伐谋"。伐谋有两种解释：第一种，注释家梅尧臣认为，上兵伐谋是"以智胜"。注释家王晳曰："以智谋屈人最为上。"《司马法》曰："上谋不斗。"即以智慧谋略取胜，采取非直接武力对抗策略。在没有战争或刚刚出现战争端倪时就积极地运用战略智慧与谋略，防患于未然或将战争消灭于萌芽之中。第二种，曹操注释曰："敌始有谋，伐之易也。"这是说，若识破或知晓敌人刚刚萌生的攻打我们的谋略，我们就立即对其谋略进行攻伐，破解其谋略，则为上。但周亨祥认为曹操的注释不妥。㊀

㊀ 【春秋】孙武原著，周亨祥译注. 孙子全译，贵阳：贵州人民出版社，1992年版第21页。

商业案例

上海快仓智能科技有限公司（以下简称"快仓"）成立于2014年，基于自主研发的导航定位、路径规划、运动控制等方面的技术，为用户提供"解决方案＋智能物流机器人＋智慧大脑操作系统"，因单仓部署机器人规模达到千台级，如今成为全球第二大提供商，正在冲刺科创板"AI物流第一股"。

2017—2018年年间，当时自动仓储机器人的概念很火热，但是市场对于仓储机器人的实际应用却仍存有疑虑，不知道软硬件的技术是否能够真正替代人工搬运，为企业降本增效。而作为各大智能仓储机器人企业，当时都纷纷想尽办法培育市场，通过自营仓（智能仓储机器人企业买下仓库，在仓库内使用自家的仓储机器人，对外出租仓库或按入库出库订单收费）、向企业提供机器人免费试用等方法来推广仓储机器人。

快仓董事长在了解仓储机械人的应用市场状况后，提出了既然仓储机器人企业都缺乏落地场景，那就应该选择背景最强大、最能够提供落地场景的企业进行合作。机缘巧合，董事长联系到了菜鸟物流的负责人，向其介绍了快仓的仓储机器人产品。双方一拍即合，菜鸟投资五千万元成为快仓第二大股东，并将无锡负责天猫超市的菜鸟仓库交给快仓做自动化改造。项目前后经过6个月时间调试，于2019年"双十一"通过测试，在10000平方米的仓库内同时运行1200台快仓机器人，成为全国使用仓储机器人最多的单一仓库，软件调度及硬件稳定性都得到了验证，为快仓建立起了行业内的知名度和口碑；也为其之后获得各行业标杆企业订单提供了案例支持。快仓引入菜鸟物流作为战略投资者，不是一味追求高估值，而是明智并且双方共赢的战略。反观其他竞争对手，都没有战略股东能为其产品提供落地场景，仍需要花费大量精力去开拓市场。㊀

 / 商业案例

如何把粮食从杭州运到上海、再海运到北京？

南起杭州，北至京师，流经浙江、江苏、山东、河北，全长两千多里的水道，为大清朝带来了一百五十年的盛运，然而，运河河底积淤，高过屋脊……运河难以治理，已成"绝症"。于是，清道光初年有海运之议。海运是可行的，但却侵犯了依靠运河盘剥沿岸百姓的官吏的利益，也使祖祖辈辈靠漕运生存的漕帮丢失了饭碗，因此，河运改海运十分不顺。

王有龄在胡雪岩的资助下，赴北京吏部补官缺，在何桂清的举荐下，得任上海海运局干办。时值太平军北伐之初且势头凶猛之际，粮食非常重要。可是，要想把囤积在杭州的粮食征收上来并运到上海，却难死了刚刚走马上任的王有龄。该怎么办？

办法总是有的。胡雪岩问王有龄："上海没有粮食可买吗？我们

㊀ 案例由上海交通大学 2019 级 MBA 学生魏弘捷根据对上海快仓智能科技有限公司的调查撰写。

为什么一定要把杭州的粮食运到上海呢？"王有龄回答："上海当然有粮食可买。""既然上海可以买到粮食，我们为什么不在上海买粮食呢？在上海买够粮食，直接装船走海运，不是可以很快就运到北京了吗？""可是，买粮食需要钱呢？钱从哪里来呢？"胡雪岩说："凭借上海海运局这个金字招牌，可以向钱庄借贷嘛！等粮食交付北京后，我们再把杭州的漕米卖掉，把钱还给钱庄，就好了嘛！"就这样，在胡雪岩的帮助下，王有龄顺利地完成了做官后第一项任务。

所以说，凡事都要动动脑筋、想想办法，总会有办法解决的。

2. 其次伐交

比伐谋次一等的策略是通过伐交取胜，即通过外交手段破坏敌人联盟，固己之联盟，阻止战争爆发，解决矛盾冲突。秦欲侵吞六国，苏秦约六国不事秦，而秦闭关十五年，不敢窥视山东也。伐交也是"非武力对抗性策略"。伐交，破解敌之联盟，即诡道之"亲而离之"也；而固我联盟，则乃利而诱之也。

 / 军事案例

子贡存鲁[一]

田常想要在齐国叛乱，却害怕高昭子、国惠子、鲍牧、晏圉的势

[一] 端木赐（公元前520年—前456年），复姓端木，字子贡，春秋末年卫国黎（今河南省鹤壁市浚县）人。孔子的得意门生，善于雄辩，且有干济才，办事通达，曾任鲁国、卫国的丞相。他还善于经商，是孔子弟子中的首富。参见司马迁著，翟文明主编.史记故事，北京：华文出版社，2009年版第216—217页。

力，于是，就调动他们的军队去攻打鲁国。孔子听说后，对门下弟子们说："鲁国，是祖宗坟墓所在的地方，是我们出生的国家，我们的祖国危险到这种地步，诸位为什么不挺身而出呢？"子路请求前去，孔子制止了他。子张、子石请求前去救鲁，孔子也不答应。子贡请求前去救鲁，孔子同意子贡前往。

说服田常弃鲁伐吴

子贡来到齐国，游说田常说："您要攻打鲁国是错误的。鲁国是非常难攻打的国家，鲁国城墙单薄而矮小，护城河狭窄而水浅，国君愚昧而不仁慈，大臣们钩心斗角，百姓不愿意打仗，这样的国家不能攻打。您应该去攻打吴国。吴国，城墙高大而坚固，护城河宽阔而水深，铠甲坚固而崭新，士卒经过挑选而精神饱满，武器与军队强大，又有贤能的大臣守卫，这样的国家容易攻打。"田常顿时愤怒了，脸色一变说："你认为难，人家却认为容易；你认为容易，人家却认为难。用这些话来指教我，是什么用心？"子贡说："我听说，忧患在国内的，要去攻打强大的国家；忧患在国外的，要去攻打弱小的国家。如今，您的忧患在国内，所以，您应该去攻打强国。我听说齐国国君几次要加封您，都遭到其他大臣的反对，您在国内不安稳，忧患在国内。现在，你要调动军队攻打鲁国，若是打胜了，你的国君就更骄纵，带兵打仗的大臣就会居功自傲，而您的功劳都不在其中；国君骄纵，您和国君的关系会一天天地疏远；大臣居功自傲，就更加争权夺利。这样的话，对上，您与国君的关系越来越疏远；对下，您和大臣们相互争夺权力；那么，您在齐国的处境就危险了。所以说不如攻打强大的吴国，假如攻打吴国失败，百姓就会指责国君和带兵打仗的大臣。这样的话，在齐国，没有强臣与您对抗，也没有贫民贤士与您抗争；孤立国君，专制齐国的只有您了。"

田常听后觉得有道理，就说："好。虽然如此，可是我已经让军队开赴鲁国了，现在无缘无故地转而把兵调去打吴国的话，大臣们怀疑我，该怎么办？"子贡说："您先按兵不动，不要进攻，请让我为您出使去见吴王，让他出兵援助鲁国而攻打齐国，您就趁机撤离出兵鲁国的军队去迎击吴国军队。"

田常采纳了子贡的建议。子贡即刻离开齐国，南下去吴国说服吴王。

说服吴王救鲁伐齐

子贡来到吴国，游说吴王夫差说："我听说，施行王道的不能让诸侯属国灭绝，施行霸道的不能让另外的强敌出现，在千钧重的物体上，再加上一铢一两的分量也可能产生移位。现在，拥有万辆战车的齐国攻打鲁国，如果齐国兼并了具有千辆战车的鲁国，齐国就更加强大了，强大后的齐国再来与吴国争霸的话，吴国就危险了！我真替大王您担心啊！所以，大王您要出兵去援救鲁国、攻打齐国。援救鲁国，鲁国的百姓会感激您，其他诸侯国也会赞扬您的仁义。而且，安抚泗水以北的各国诸侯，讨伐强暴的齐国，用来镇服强大的晋国，没有比这样做获利更大的了。名义上是援救鲁国，实际上是削弱了强大的齐国。"吴王说："好。虽然如此，可是我曾经和越国作战，越王退守在会稽山上栖身，越王自我刻苦，优待士兵，有报复我的决心。如果我出兵援救鲁国、攻打齐国的话，越国就会偷袭我们吴国。您等我灭掉越国后，再去援救鲁国、攻打齐国。"子贡说："越国比鲁国弱小，吴国没有齐国强大；大王不去攻打齐国，反而去攻打越国；那么，还没等到您灭掉越国，齐国早已吞并鲁国了！况且，如今的大王，正打着'救危扶困'的旗号建立霸业，却攻打弱小的越国而害怕强大的齐国，这不是勇敢的表现。勇敢的人不回避艰难，仁慈的人不让别人陷入困境，聪明的人不错失良机，施行王道的人不会让一个国家灭绝。大王您凭借这些来树立您的威信。现在，通过宽恕而保存越国来向各诸侯国显示您的仁德，再出兵援助鲁国、攻打齐国，施加晋国以威力，各国诸侯一定会臣服吴国，称霸天下的大业就成功了。大王果真担心越国的话，我请求东去会见越王，让越王派兵和您一起讨伐齐国，这样您就没有后顾之忧了。"吴王夫差特别高兴，就派子贡到越国去游说越王勾践。

教越韬晦惑吴

越王清扫道路，在郊外迎接子贡，亲自到子贡下榻的馆舍问："越国是个偏远落后的国家，子贡大夫怎么屈尊自己庄重的身份到这里来了！"子贡回答说："我正在劝说吴王援救鲁国、攻打齐国，但是，吴王却说，他担心您会乘吴国空虚，偷袭吴国；所以，吴王准备先灭掉越国后再出兵援救鲁国、攻打齐国。这样的话，越国灭亡是必然的了。没有报复别人却招致别人的怀疑，这就太拙劣了；想报复别人却又让人知道了，这就太糊涂了；事情还没有发动先叫人知道，就太危险了。这三种情况是办事的最大祸患啊！"勾践听罢叩头到地再拜说："我曾不自量力，才和吴国交战，被围困在会稽，恨入骨髓，日夜唇焦舌燥，只打算和吴王一块儿拼死，这就是我的愿望。"于是问子贡怎么办。子贡说："吴王为人凶猛残暴，大臣们难以忍受；国家多次打仗，弄得疲惫衰败，士兵不能忍耐；百姓怨恨国君，大臣内部发生变乱；伍子胥因苦谏被杀，太宰嚭执政当权，顺应着国君的过失，用来保全自己的私利；这是残害国家的政治表现啊！现在大王果真能出兵辅佐吴王，以投合他的心志，用重金宝物来获取他的欢心，用谦卑的言辞尊敬他，以表示对他的礼敬，他一定会攻打齐国。如果那场战争不能取胜，就是大王您的福气了。如果打胜了，他一定会带兵逼近晋国，请让我北上会见晋国国君，让晋国攻打吴国军队，一定会削弱吴国的势力。等吴国的精锐部队全部消耗在齐国，重兵又被晋国牵制住，而大王趁它疲惫不堪的时候攻打它，这样一定能灭掉吴国。"越王非常高兴，答应照计行动。送给子贡黄金百镒、宝剑一把、良矛二支。子贡没有接受，就走了。

子贡回到吴国，对吴王夫差说："越王勾践已经表示，愿意带领越国三千精锐士卒作为先锋随您出征，攻打齐国，并且他还准备送给您一批武器和宝物。"过了五天，越国果然派大夫文种来到吴国，叩拜吴王，对吴王说："勾践听说大王将要发动正义之师，讨伐强暴，扶持弱小，攻打困厄残暴的齐国而安抚周朝王室，请求出动越国境内全部军队三千人，勾践请求亲自披挂铠甲、拿着锐利的武器，甘愿在前面去冒箭石的危险。因此派越国卑贱的臣子文种进献祖先珍藏的宝器，铠甲十二件，斧头、屈卢矛、步光剑等，作为贺礼。"吴王听了非常高兴，把文种的话告诉子贡说："越王想亲自跟随我攻打齐国，可以吗？"子贡回答说："千万不可以。越国本来就很弱小，现在几乎出动了所有的军队随您出征，如果再要求人家的国君跟随出征，这是不道义的。您可接受他的礼物，允许他派出军队随您出征，辞却越国国君随行。"于是，吴王夫差就谢绝了越王勾践随军出征的请求，吴王自己率领军队去攻打齐国。

子贡因而离开吴国前往晋国，对晋国国君说：吴国将要攻打齐国，如果打败了齐国，下一个进攻的目标就是晋国，晋国要做好准备。于是，晋国就派重兵驻扎在晋、齐两国的交界处，静观事态的发展。

子贡离开晋国回到鲁国，静观事态的变化。吴王夫差率领军队进攻齐国，与齐国军队在艾陵打了一仗，把齐军打得大败后，吴王夫差率领胜利之师逼近晋国，和晋国人在黄池相遇。吴、晋两国争雄，晋国军队攻击吴国，打败了吴国军队。越王勾践听到吴军惨败的消息，就渡过江去袭击吴国；吴王夫差听到这个消息，就率军离开晋国返回吴国，但抵挡不住越国军队猛烈的进攻，越军包围了吴国王宫，杀死了吴王夫差，越国灭掉吴国。

子贡洞察、利用各国之间的矛盾，投各国国君之所好，摇唇鼓舌，纵横捭阖，通过外交手段，解除了齐国攻打鲁国的战争危机。

3. 其次伐兵

比伐交次一等的是"伐兵"。兵乃兵械、兵器、武器也，即使用武器取胜，是属于"武力对抗性策略"。伐兵，是指野战。虽然是使用武力征伐，但在打仗时也需要智慧谋略和外交手段。

4. 其下攻城

孙子认为最最下策是攻城。攻城是在不得已的战争状态下做出的策略选择。攻城常常是"直接武力对抗性策略"。攻城之所以是最最下策，孙子做出了详细的解释。孙子曰："**攻城之法，为不得已，修橹轒辒，具器械，三月而后成；距堙，又三月而后已。将不胜其忿而蚁附之，杀士三分之一而城不拔者，此攻之灾也。**（《孙子兵法·谋攻篇》）"

修橹是制造攻城时用以侦察敌城的望城楼。**轒辒**，是古代攻城的四轮车。具器械，是置备攻城的各种器具、器械。**距堙**，是为攻城而堆积的、向敌城推进的土丘。**蚁附**，是形容攻城士卒像蚂蚁一样攀墙登城。制作望城楼和攻城车、置备攻城攻城器具，需要三个月；堆积攻城的土堆，又需要三个月。人力物力耗费巨大，如果带兵将领焦虑愤怒，而令士卒像蚂蚁一样攀墙登城，则被守城敌军杀伤我方士卒三分之一，而城仍未攻破，此攻城之灾也。由此可见，攻城的成本巨大、士卒伤亡惨重。

因此，攻城也需要伐谋、伐交，即需要智慧谋略和外交手段配合攻城,尽量减少伤亡。

以上是孙子提出的面对战争的四个层次的战略行动选择。"伐谋"与"伐交"都属于"非武力对抗性策略"。"伐兵"与"攻城"属于"武力对抗性策略"。孙子尚智,面对战争,无论做出什么样的战略行动选择,都需要战略智慧,在任何情况下,都要多想办法而非盲动。

4.4 以镒称铢:集中资源与能力

孙子曰:**"故胜兵若以镒称铢,败兵若以铢称镒。**(《孙子兵法·形篇》)""镒"和"铢"都是古代重量单位,镒是铢的576倍,如图4-3所示。

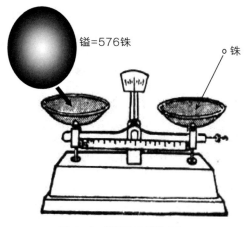

图4-3 "以镒称铢"图示

"胜兵"以"镒"称"铢",就是以绝对的竞争优势对绝对的竞争劣势。"败兵"以"铢"称"镒",就是以绝对的劣势对绝对的优势。

以绝对的竞争优势对绝对的竞争劣势,从而实现"不战而屈人之兵"!

整体实力弱小的一方面对强大的一方,该如何以镒称铢?

孙子曰:"**故形人而我无形,则我专而敌分;我专为一,敌分为十,是以十攻其一也;则我众而敌寡,能以众击寡者,则吾之所与战者,约矣。(《孙子兵法·虚实篇》)**"

形人,是示人以形,就是把自己的"形"也就是军事实力或军力的部署,让敌人看见或知道。"故形人而我无形,则我专而敌分。"是说,把我们的军事力量部署让敌人知道,无论是散布出去还是通过间谍传递给敌人;当然,散布给敌人的情报是虚假情报,也就是说,我们伪装或告诉敌人,我们将从四面八方向敌人进攻。目的是让敌人在四面八方都设防,敌人的兵力就分散到四面八方;而我们真实的军事力量却集中在一个攻击点上(当然,这绝对不能让敌人知道),这样就达到敌分为十,我专为一,则我将以十攻其一也,是"以众击寡"。"则吾之所与战者,约矣。"约,是受到约束、受到束缚。即与我们作战的敌人就会陷入困境。

李德·哈特认为:"几乎所有的战争原则——而不只是一条——都可以简化为一个词,那就是'集中'。但是,真正解释起来,我们便须把它扩大成一句话:'集中力量来对付敌人的弱点。'假如要使这句话有任何真正的价值,那么,我们就要更进一步多解释说:为了能够集中力量打击敌人的弱点,就先要使敌方的力量分散;要使敌方的力量分散,那么首先你自己至少要作一部分的分散,以造成一种形式来引诱敌人。结果遂变成了下述的一连串程序——你的分散、他的分散,然后才是你的集中,真正的集中即为有计划分散的结果。"㊀

通过我们的分散而诱发敌人分散之后,我们能否迅速集中即先于敌人而集中,从而在敌人来不及集中时,迅速歼灭敌人。

在商业竞争中,"以镒称铢"是指公司针对竞争不激烈或自己具有相对竞争优势的细分市场,集中资源能力,专注地进行技术与市场深度开发。诚如任正非所说:"28 年来,华为只对准信息通信领域这个'城墙口'冲锋。"

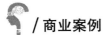 / 商业案例

华为专注一个方向

任正非和华为公司,堪称当代商业史上的传奇。

1987 年,年满 43 岁的任正非和 5 个同伴集资 2.1 万元成立华为公司,利用两台万用表加一台示波器,在深圳的一个烂棚棚里起家创业。28 年后,华为公司由默默无闻的小作坊成长为通信领域的全球领导者。

2016 年,有记者问任正非:"华为成功的秘诀是什么",任正

㊀ 【英】李德·哈特著.钮先钟译.战略论:间接路线,上海:上海人民出版社,2010 年,第 289 页。

非回答说："28年来，华为只对准通信领域这个'城墙口'冲锋。我们坚持只做一件事，在一个方面做大。华为只有几十人的时候就对着一个'城墙口'进攻，几百人、几万人的时候也是对着这个'城墙口'进攻，现在十几万人还是对着这个'城墙口'冲锋。密集炮火，饱和攻击。每年1000多亿元的'弹药量'炮轰这个'城墙口'，研发600亿元，市场服务500亿~600亿元，最终在大数据传送上我们领先了世界。"任正非说："华为不片面追求企业规模，华为不会进入资本市场，绝对不上市。一旦进入资本市场，华为必然面临股东的压力，被迫要多元化。多元化必然会摧毁华为，华为要防止多元化。"㊀

华为成功密码是："坚持只做一件事"。

4.5 避实击虚：蓝海策略

孙子曰："兵之所加，如以碬投卵者，虚实是也。（《孙子兵法·势篇》）" "出其所不趋，趋其所不意。行千里而不劳者，行于无人之地也，攻而必取也，攻其所不守也；守而必固者，守其所不攻也。（《孙子兵法·虚实篇》）"

㊀ 赵东辉等.任正非：华为28年只对准一个城墙口冲锋，中国中小企业，2016年6期第40-44页。

"避实击虚"就是要求经过缜密调查和反复研究，准确无误地判断敌人的虚实布局，在攻击方向上避开敌人的坚实强点，攻击敌人的羸虚弱点，以保证战争取得胜利。

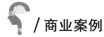商业案例

哈罗单车的"避实击虚"

2016年4月22日，摩拜单车进入上海，到9月实现全市覆盖，有231个停车点。[1]到2016年11月中旬，摩拜单车在上海市区的投放量已近10万辆。2016年11月16日1000辆哈罗单车进入宁波市区。[2]哈罗单车避开竞争实力较强大的摩拜和ofo，而选择在二、三、四线城市发展（如图4-4所示）。

图4-4　哈罗单车的"避实击虚"

---

[1] http://news.cctv.com/2016/12/21/ARTIDXFQMWpygpmstqF1SFOZ161221.shtml。
[2] http://science.china.com.cn/2016-11/16/content_9162440.htm。

葛荣晋教授⊖认为，就市场而言，所谓实，是指供过于求，出现买方市场；所谓虚，是指供不应求，形成卖方市场。在整个市场范围内，总是有虚亦有实：这里实，那里虚；这个产品实，那个产品虚；今日实，明日虚。市场是一个虚实变化不定的动态市场。

除了在战斗力量部署上的虚实外，在战争中，战争双方将士的战斗士气对赢得战争胜利也非常重要。

孙子曰："**是故朝气锐，昼气惰，暮气归。故善用兵者，避其锐气，击其惰归，此治气者也。**（《孙子兵法·军争篇》）"朝、昼、暮在这里是指：开战之最初、再次开战、三次开战。就是大家都熟悉的曹刿论战中说的："夫战，勇气也。一鼓作气，再而衰，三而竭。"

军事案例

曹刿论战⊖

鲁庄公十年的春天，齐国军队攻打我们鲁国。鲁庄公将要迎战。曹刿请求拜见鲁庄公。他的同乡说："当权的人自会谋划这件事，你又何必参与呢？"曹刿说："当权的人目光短浅，不能深谋远虑。"于是入朝去见鲁庄公。曹刿问："您凭借什么作战？"鲁庄公说："衣食（这一类）养生的东西，我从来不敢独自专有，一定把它们分给身边的大臣。"曹刿回答说："这种小恩小惠不能遍及民众，民众是不

⊖ 葛荣晋.避实击虚与企业的市场开拓,石油政工研究,2000年第3期16-18页.
⊖ 杨伯峻编著.春秋左传注,北京：中华书局,2009年版第182-183页.

会顺从您的。"鲁庄公说:"祭祀用的猪牛羊、玉器、丝织品等祭品,我从来不敢虚报夸大数目,一定对上天说实话。"曹刿说:"小小信用,不能取得神灵的信任,神灵是不会保佑您的。"鲁庄公说:"大大小小的诉讼案件,即使不能一一明察,但我一定根据实情(合理裁决)。"曹刿回答说:"这才尽了本职一类的事,可以(凭借这个条件)打一仗。如果作战,请允许我跟随您一同去。"

鲁庄公和曹刿同坐一辆战车,在长勺和齐军作战。鲁庄公将要下令击鼓进军。曹刿说:"现在不行。"等到齐军三次击鼓之后。曹刿说:"可以击鼓进军了。"齐军大败。鲁庄公又要下令驾车马追逐齐军。曹刿说:"还不行。"说完就下了战车,察看齐军车轮碾出的痕迹,又登上战车,扶着车前横木远望齐军的队形,这才说:"可以追击了。"于是追击齐军。

打了胜仗后,鲁庄公问他取胜的原因。曹刿回答说:"作战,靠的是士气。第一次击鼓能够振作士兵们的士气,第二次击鼓士兵们的士气就开始低落了,第三次击鼓士兵们的士气就耗尽了。他们的士气已经消失而我军的士气正旺盛,所以才战胜了他们。像齐国这样的大国,他们的情况是难以推测的,怕他们在那里设有伏兵。后来我看到他们的车轮的痕迹混乱了,望见他们的旗帜倒下了,所以下令追击他们。"

在商业竞争中,员工的士气也非常重要。比如,开发一项新技术、一个新产品,在开发前,要鼓舞研发人员的士气,力争一鼓作气研发成功!如果三番五次失败,有可能造成研发人员的士气由盛而衰。

再如，产品的市场促销活动，销售团队一鼓作气、首战告捷也是非常重要的。事不过三，若三番五次失败，将极大地影响销售团队继续努力的信心，造成士气衰竭。

4.6 以正合，以奇胜：守正出奇策略

孙子曰：**"凡战者，以正合，以奇胜。** 故善出奇者，无穷如天地，不竭如江河。**战势不过奇正，奇正之变，不可胜穷也。奇正相生，如循环之无端，孰能穷之？**（《孙子兵法·势篇》）"

"以正合，以奇胜。"按照曹操等注释家的注释，先出为正，后出为奇；以正面对敌交战的为"正兵"，而从侧翼进攻敌人的为"奇兵"；而且，所进攻的侧翼，是敌人空虚或防备薄弱之处；从正面牢牢地吸引敌人，而精锐部队从侧翼奇袭敌人；当敌人侧后遭到突然攻击时，将丧失战略平衡，其结果是敌人自动崩溃或轻易被击溃。"正"中有"奇"，"奇"中有"正"；"正"与"奇"可互相转换，变化无穷。

"奇正"战略战术被广泛地运用在军事战争中，我们可以从戚继光的阵法中理解、领悟《孙子兵法》的"奇正"战略思想。戚继光的"一头两翼一尾阵"⊖是把部队分成四营或五营，正面接敌的一营为头，

⊖ 范中义著.戚继光兵法新说,北京:解放军出版社,2008年第1版第182-183页。

为正兵；两侧左右二营为两翼，为奇兵；最后一营为尾，为策应兵（预备队）。如图 4-5 所示。

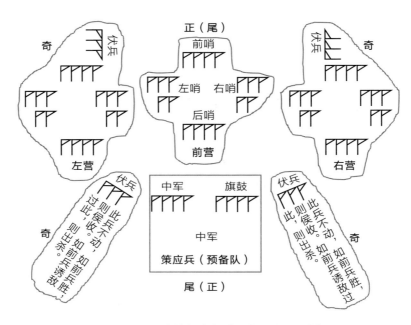

图 4-5　戚继光抗倭寇之"一头两翼一尾阵"

作为头的前营又分为前、后、左、右四哨，前哨直接迎敌，后哨策应。前哨格斗一段时间，后哨冲上去代替前哨格斗，前哨休整后再轮换。

1. 产品的基本功能相同、市场相同的"正与奇"

在产品基本功能相同、市场相同的情境下，企业在满足产品基本功能前提下（**以正合**），聚焦开发产品的辅助功能，并以嵌入产品中的辅助功能取得竞争优势（**以奇胜**）。

新进入者与市场在位者，在产品基本功能、产品销售市场都同质化的情境下，新进入者所开发的产品，在产品的基本使用功能上，要达到和市场在位者的产品的基本使用功能相同，能够满足客户对产品基本功能的需要；在产品的基本功能上与市场在位者正面对垒，这便是**"以正合"**。

尽管新进入者在产品基本功能上，能够做到与市场在位者相同，但由于进入市场的时间晚，品牌和客户关系弱，所以，新进入者以产品基本功能与市场在位者竞争，是没有竞争优势的。那么，采取什么策略才能够取得竞争优势呢？

新进入者要针对客户进行调查分析，挖掘客户购买产品的需求，除了满足基本功能需求外，是否还有其他辅助功能的需求？如果有辅助功能需求，而且客户也会经常使用这种辅助功能，也就是说，这种辅助功能对于客户而言，是具有切实效用的，或具有"锦上添花"的作用。那么，新进入者把目标聚焦在这个特殊的辅助功能上，大力研究开发，在产品的辅助功能上超过市场在位者，真正做到"锦上添花"，受到客户至少是部分客户的青睐，从而以产品的辅助功能赢得市场竞争优势，这便是**"以奇胜"**。

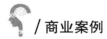
/ 商业案例

拍照手机 OPPO

OPPO 是更多年轻人选择的拍照手机品牌。多年来，OPPO 专注于手机拍照领域的技术创新，开创了手机自拍美颜时代，先后开发了前置 500 万像素和 1600 万像素的拍照手机，创造性地推出了电动旋转摄像头和超清画质等拍照技术，为全球 20 多个国家和地区的年轻人提供了出色的手机拍照体验。

OPPO 手机共有 4 个系列，其中，N 系列专注于影像和拍照，其镜头可翻转，面世之时吸引了不少热衷拍照的顾客群体。R 系列专注于拍照技术尤其是自拍技术，并拥有出色的外观设计，加之 VOOC 闪充技术，对热衷于自拍的人群具有极大吸引力，尤其是年轻女性群体。

OPPO 的广告语将 OPPO 手机的基本功能和特色功能都展示出来："通电 5 分钟，通话 2 小时""前后 2000 万，拍照更清晰""这一刻，更清晰""更多年轻人选择的拍照手机"。○

OPPO 手机的"以正合，以奇胜"的策略示意如图 4-6 所示。

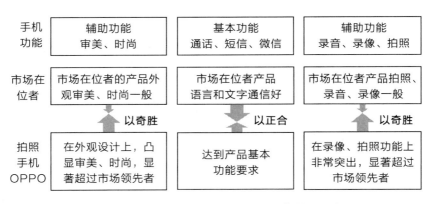

图 4-6　OPPO 手机"以正合、以奇胜"策略示意图

○ 韩志鸿. 后发企业市场进入与策略选择：基于 OPPO 手机的案例研究方法分析，时代金融，2018 年第 11 期第 183-184 页。

2. 产品高度同质化，市场也是同一区域或同一细分市场的"正与奇"

在产品高度同质化，市场也是同一区域或同一细分市场的竞争环境下，"以正合""以奇胜"策略是怎么样的呢？VK公司的案例或许能给我们启发。

/ 商业案例

VK公司的以正合、以奇胜

VK公司是一家从事标签印刷制作服务的公司。市场上标签印刷制作服务公司很多，大家都是同质化业务，采取价格战来取得市场业务订单。单纯从标签印刷制作业务的本身分析，VK公司在竞争中没有优势，但VK公司的业绩却一直稳健增长；那么，VK公司是怎么做到的呢？原来，VK公司有一个很大的储藏空间（仓库），一直没有利用，而一些大客户，常常需要在订制标签时，希望标签供应商能够帮助采购包装填充物，VK公司就把这个仓库利用起来，帮助客户购买填充物；这一做法的效果非常显著，不仅提高了客户的忠诚度（或黏住客户），为客户代购填充物赚到了利润，也提高了标签印刷制作业务的盈利，促进了标签印刷制作业务的增长。

VK公司在保持原来标签印刷制作业务的基础上，开发标签打印机。原来的标签印刷制作技术，刚好为标签打印机所使用的专属色带的开发提供了技术与制造优势，可以开发出成本远低于市场同类产品的打印色带。VK公司开发出标签打印机，进入了国内、国际的标签

打印机市场，取得市场成功。

从 VK 公司的案例分析，我们可以看出：

（1）VK 公司与同业其他公司在标签印刷制作服务的质量、交期、价格上的竞争是**"以正合"**；而 VK 公司利用闲置的储存空间为客户代购包装填充物，从而提高客户忠诚度并促进了标签印刷制作业务的增长，是**"以奇胜"**。

（2）标签印刷服务和标签打印机都是为了满足客户对标签的需要，因此，标签打印机和标签印刷制作服务都可归属为"标签市场"，所以说，VK 公司与同业其他公司在标签印刷制作服务方面的竞争是**"以正合"**（如上所述，"正"中有"奇"）；而 VK 公司开发与标签印刷制作业务紧密相关，但在功能和细分市场上存在差异的标签打印机产品，取得新的竞争优势和发展是**"以奇胜"**。

3. 运用不同的技术实现相同的功能

产品使用功能相同、市场相同，但实现产品功能的技术不同的"正与奇"。

/ 商业案例

特斯拉的以正合，以奇胜

（1）技术与品牌

特斯拉最大的优势在于其技术能力，特斯拉拥有汽车设计、电池科技等多项专利。高超的技术能力保障了特斯拉拥有出色的产品性能。[①]

特斯拉这个品牌名字来源于美国著名的科学家和发明家尼古拉·特斯拉。特斯拉电动汽车所采用的交流电机就是尼古拉·特斯拉发明制造的。以名人的名字作为品牌名,可以很直接地让人将特斯拉与伟人发明创造的精神联想在一起,从而使特斯拉电动车在人们心目中留下了良好的第一印象。

如此命名"品牌",乃为"奇",凸显出特斯拉公司和特斯拉汽车的科技理念、创新与创造性,技术的领先性。

(2)不按常规起步

按照产业发展的规律和共识,在品牌、资本、技术积累不足的时候,新进入汽车产业的企业,会选择从低端车开始切入市场;通过学习、模仿、购买技术等方式完成研发,然后利用产量及低价优势薄利多销,慢慢完成资本、技术、品牌等积累,再向高端市场逐步发展。20世纪50年代后诞生的传统汽车企业(尤其以日本汽车为例)都是按照这个逻辑发展起来的,中国的许多汽车企业也选择了这样的成长道路。这是常规的战略路径。

特斯拉电动汽车的战略选择是从高端市场起步:第一步,开发高性能、足够炫酷的运动型、豪华跑车;第二步,开发豪华家用电动汽车,产品档次定为奔驰和宝马汽车的竞品;第三步,量产低成本的、更具

[①] 杨建辉. 特斯拉 Model S 的营销战略分析及启示, 中外企业家, 2015 年第 26 期第 25-26 页。

经济性的电动汽车,目标客户是收入中等的普通人群(如图4-7所示)。特斯拉的掌舵者埃隆·马斯克(Elon Musk)制定的成功市场模式是:"唯一通向成功的战略,就是我们所采用的从高端的小众市场起步。"㊀ 这是出"奇"的路径。

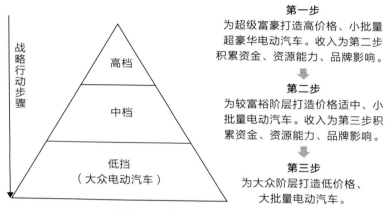

图4-7 特斯拉的战略行动步骤图

对于特斯拉则选择的不同战略路径,特斯拉官方的解释是:先对一辆跑车进行电动改造,让人们看到电动汽车的潜力;然后推出产品级的豪华车,以证明电动汽车完全可以拥有超越传统汽车的性能和品质;最后推出面向平民的高性价比实用电动车,并借此扩大销量,实现电动车的大规模普及,最终达到特斯拉改革汽车行业的目的。

㊀ 陈志杰.特斯拉电动跑车:不仅仅是富人的"玩具",南方日报,2013年8月5日第A14版.

（3）节能环保，政府支持

电动汽车以蓄电池的电能为动力，是最被看好的"零污染"汽车。电动汽车在噪声污染上也非常明显地比燃油汽车低，使用电动汽车是降低噪声污染的有效途径。电动汽车比燃油汽车在环境指标上具有明显的优势。[1]

2008年10月，特斯拉第一款跑车产品出炉，原计划成本7万美元的产品售价10万美元。但由于变速箱的改进，成本飙升到12万美元，售价不得不提高到11万美元。

虽然新车最终上市，但特斯拉面临的情况却更加糟糕：即卖车亏本。在困难面前，2008年年底，特斯拉依然坚定而快速地启动了Model S计划，并且在2009年上半年顺利完成了设计、测试和样机制造。但是，面临高昂的成本和资金困难，遭到众多质疑的特斯拉能否走下去？这时，美国政府能源部部长朱棣文和总统奥巴马参观了特斯拉工厂，特斯拉得到了美国联邦政府提供的4.65亿美元低息贷款[2]，这笔贷款为特斯拉初期发展提供了有效的资金保障，帮助其顺利开展其战略。此外，作为汽车行业的新力量，特斯拉成功抓住了一个机遇，那就是当时汽车市场兴起一股潮流，各国政府为了保护环境都极力推广电动汽车，并且配套了相关的优惠政策，这样一来也让特斯拉获得

---

[1] 郭文双等.电动汽车与燃油汽车的环境指标比较，交通环保，第23卷，第2期，2002年4月。

[2] 坐下再说.特斯拉传奇，中国科技投资，2013年19期第81-83页。

了进一步的快速发展，特斯拉的 Model S 在全球的销量节节攀升。

基础款的 Model S 售价 71070 美元，由于美国有 7500 美元的电动汽车补贴，Model S 的实际价格为 63570 美元。而各个州也有 500~9000 美元的补贴，进一步降低了 Model S 的实际价格，这个价格能精准地打动富有的年轻人。特斯拉无须使用汽油，这使得它比同价位的奢侈轿车更加划算。Model S 的竞品售价在 72 520 美元（雷克萨斯 LS）至 115900 美元（奥迪 R8）之间，Model S 的售价低于任何一款竞品[一]。

（4）采取直销策略

汽车行业通常会采取经销商的方式进行分销，而特斯拉却采取直销方式。

特斯拉的目标客户群体是环保主义者或科技狂热者。从绿色消费切入，将目标锁定在热爱生活、有环保意识和社会责任感并具备一定消费能力的购车一族。他们热爱生活，关注赖以生存的自然环境，践行绿色低碳的生活方式。他们有知识，带有人文关怀，具有一定的消费能力，不仅是通过驾驶纯电动汽车来表达对传统燃油汽车的不满，还渴望带动更多的人进入电动汽车时代，带动全球能源消耗向可持续方向转变。

特斯拉抛弃了传统的广告投放，而是采用依靠社交媒体、博客论

[一] 杨建辉. 特斯拉 Model S 的营销战略分析及启示, 中外企业家, 2015 年第 26 期第 25-26 页。

坛、口口相传等方式来推广自身的产品。马斯克亲自撰写特斯拉博客，向外界介绍公司最新的技术发展以及未来的发展方向。特斯拉每个月都会在社交媒体上更新，以使目标客户随时了解公司的每一项进步。特斯拉并不赞同在特定的季节举办促销活动，而是在有新产品和新技术问世时就立即展开推销。

传统的汽车厂商往往以最大化促销渠道吸引更多的客户，而特斯拉却反其道而行之，用最小化促销渠道以保证独特的用户体验。特斯拉并不通过经销商来推广自身产品，而是通过体验店、购物中心展示产品。此外，特斯拉也没有雇佣任何销售人员，也没有任何产品存货。特斯拉唯一的广告就是其设在商场内的展示厅。此外，特斯拉每款车的价格是不容讨价还价的，所有的购车手续都在网上完成。专营店内的产品专家并非只是普通销售人员，而是可以为顾客提供相关咨询，注重顾客对产品的体验，并向顾客说明产品的设计理念，使特斯拉优良的品牌形象树立在每一位消费者心中。由于特斯拉没有产品存货，想体验的用户必须先交 5000 美元的保证金。如果想购买特斯拉，则要等上数月的时间。

（5）产品线简单精准

在这个信息爆炸的时代，复杂的产品线会让人们因为难以做出选择而心生烦躁，同时也很难让消费者对其品牌及产品留下深刻的印象，特斯拉深谙此理。

特斯拉的产品线非常简单精准，相比于传统汽车企业复杂的产品线，特斯拉目前只有三款车型——定位豪华轿跑的 Model S，定位功能性大型 SUV 的 Model X，定位平民经济车型的 Model 3。简单的产品线布局会让消费者对该品牌产品留下更深的印象，让消费者更容易做出消费选择。

（6）功能与设计备受青睐

特斯拉电动汽车的续航里程达到 500 公里；最高时速达到 250 公里/小时；0-100km 加速时间达到 3.4-4 秒；驾驶安全舒适；为了解决用户长途出行时的充电困扰，特斯拉推出了"超级充电站"计划；特斯拉电动汽车在内饰与外观设计上，凸显出简单、优雅、追求品质，倡导节俭、环保理念。○⁻

以正合：特斯拉电动汽车与燃油汽车的产品使用功能和市场是高度同质化的。那么，客户在选购产品时，无论电动汽车是否节能环保，都必须保证其作为汽车的基本功能，这些基本功能包括续航里程、0-100km/h 的加速时间、最高行驶时速、充电方便（充电站）程度和驾驶安全，及舒适程度等。特斯拉汽车的基本功能完全达到了与相同档次的豪华燃油车相当的水平，毫不逊色。此为"以正合"。即在常规的基本功能上，特斯拉具有与竞争者的抗衡能力。

以奇胜：以科学家名字为品牌，选择高端、小众的跑车进入市场，分三步走向大众市场的策略，依靠高科技创新能力实现高性能、安全

○⁻ 王波.特斯拉的设计与策略分析及对中国汽车的启示,装饰,2016年第5期第34-37页.

舒适、零排放、无污染、节能环保电动汽车的商业化，赢得美国政府的资金支持和政策补贴；以互联网思维和简单、优雅、追求品质、节俭、科技与环保的理念赢得全球消费者欢迎和热购。此为"以奇胜"。

特斯拉"以正合、以奇胜"的突出表现就是，当特斯拉公司开发制造出的电动汽车在使用功能上完全可以抗衡燃油汽车且毫不逊色时，就自然而然地产生节能环保的奇异效用，取得燃油汽车无法实现的竞争优势。

4. 殊途同归，不按常规出牌

达到相同的目的或实现相同的目标，但方法却不相同。无论是战争还是商业竞争，这样的事例在具体的战略行动中也是很常见的。

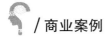 / 商业案例

因为米粉，所以小米

企业通常采用的品牌运作路径是，先投入广告费用，做知名度，再做美誉度，最后再做忠诚度。小米做品牌的路径是：一开始只专注忠诚度，通过口碑传播不断强化这一过程，用户到了足够的量级后，才投入去做知名度。㊀

小米的品牌路径是，先做忠诚度再做知名度（如图4-8所示）。

㊀ 黎万强著．参与感：小米口碑营销内部手册，北京：中信出版社，2014年版第65页。

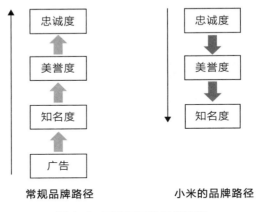

图 4-8　两种不同的品牌路径

无论是战争还是商业竞争，"正"与"奇"的转换与变化是无穷尽的。

孙子曰："**凡战者，以正合，以奇胜。故善出奇者，无穷如天地，不竭如江河。战势不过奇正，奇正之变，不可胜穷也。奇正相生，如循环之无端，孰能穷之？**（《孙子兵法·势篇》）"

4.7 以迂为直：间接路线策略

孙子曰："**凡用兵之法，将受命于君，合军聚众，交和而舍，莫难于军争。军争之难者，以迂为直，以患为利。故迂其途，而诱之以利，后人发，先人至，此知迂直之计者也。**（《孙子兵法·军争篇》）"

打仗的基本方法是，将领接受国王的命令，集结军队或聚集民众，组编军队，开赴战场，与敌军对垒，最难的也是最重要的就是"军争"，即敌我双方争夺谁最先到达战场，夺取战场上的主动权。

打仗最难的就是"争夺主动权"，而"争夺主动权"最困难的是"把迂回弯曲的道路走成直接路径的速度，把祸患、不利的因素变成有利的因素"，从而抢先到达战场，占据有利位置，夺得战略战术上的主动权，赢得胜利。

孙子说这个是最难的问题，是因为我们在没有战争主动权或者是在丧失战争主动权的情况下，即夺取战场主动权的最便捷、最直接的路径已经为敌人所控制，我们已经没有办法通过最直接、最便捷的路径来获得战场上的主动权，我们已处于被动，面临着危机、危险。在这样的背景下，我们要想争夺战场上的主动权，就只能是通过迂回的路径。

但是，"以迂为直"是非常困难的。因为走迂回弯曲的路径，又想先到达战场，存在两个最基本的祸患：第一，要想走得快，就得轻装前进，那么粮草辎重就得丢弃，没有了粮草，即便先到了，也只能等着失败。第二，走得太快，会有大量士卒掉队。那么，怎么才能做到"以迂为直"呢？

孙子告诉我们，要想方设法以利益引诱、牵制敌人，拖延、延缓敌人行动，我们就可以比敌人先到达战场，夺取战争与战场上主动权，即先处战地而待敌者佚，从而实现"致人而不致于人"，把握战略战术主动权。

尽管就整个历史来看，走直接路线似乎是正常的，而故意走间接路线却完全是例外。不过我们还是可以注意到，许多将军虽然不曾把走间接路线当作最初的战略，却又常常把走间接路线当作最后的手段。当走直接路线失败之后，走间接路线反而却常常使他们获得决定性的胜利——此时他们多半是居于劣势，因此只好采取间接路线。在这种不利的情况之下，尚能获得决定性的成功，更使人觉得难能可贵㊀。

 / 商业案例

范蠡（陶朱公）千里贩马

时值诸侯割据、战事不断，范蠡发现了一个巨大的市场需求：吴越一带需要大量战马；同时北方多牧场，马匹便宜又剽悍。如果能将北方的马匹低成本、高效率地运到吴越，一定能够大获其利。可问题是：买马不难，卖马也不难，就是运马难。千里迢迢、人马住宿费用代价高昂且不说，更要命的是当时正值兵荒马乱，沿途常有强盗出没。经过一番调查，范蠡了解到北方有一个很有势力、经常贩运麻布到吴越的巨商姜子盾，姜子盾因常贩运麻布早已用金银买通了沿途强人。于是，范蠡就把主意放在了姜子盾的身上：

翌日清晨，人来人往的临淄城门聚集了很多行人，每个人都抬头望着城门，只见上面贴着一张绢布告示，大字写着："鸱夷子皮（即范蠡）新组建几支马队，时值开业酬宾，可免费帮人向吴越运送货物，

㊀【英】李德·哈特著.钮先钟译.战略论：间接路线，上海：上海人民出版社，2010年版第127页。

托运人只需要负担马匹粮草费用即可。"

告示贴出后,范蠡就亲自到蛟菜河挑选马匹,一共挑选了300匹。买好马匹后,范蠡回到家中后不久,富商姜子盾就找上门来,开门见山地问范蠡:"听说你新组建了一个马队,我现在正好有一百二十车货物要运往吴越,你可否帮助运送?"范蠡回答道:"愿意愿意,保证把货物平安送到。"姜子盾非常爽快地说道:"好,就请你帮助我把货物运送到吴越。"

几天后,车载马驮的运输队,打着"姜子盾"的旗号,畅通无阻地穿越齐境,历经二十余日,顺利抵达吴越。范蠡运来的良马,正好可以解决越军的燃眉之急,范蠡赚了一大笔钱。⊖

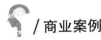/ 商业案例

哈罗单车的以迂为直

共享单车行业中的哈罗单车,用了不到一年半的时间成功地向人们展示了"入场最晚却发展最快"的事实。哈罗单车相比于 ofo 单车和摩拜单车来说,进入共享单车行业的时间较晚,但其发展之迅速却是不争的事实。

哈罗单车于 2016 年 9 月开始确立项目,11 月正式投放市场。2016 年 11-12 月进入苏州、宁波、厦门后,2017 年开始进入三、四、

⊖ 金泽灿著.范蠡全传,内蒙古文化出版社,2012 年版第 226-232 页。参考此书撰写。

五线城市。截至 2017 年 12 月，哈罗单车已经进入 180 个城市和 160 个景区，单车投放量超过 500 万辆，注册用户接近 1 亿人，跻身共享单车行业的前三大企业。㊀

2017 年底，哈罗的实力、品牌等都已经极大提高，足以和摩拜、ofo 进行竞争，同时，摩拜和 ofo 也已出现困境，而其他共享单车则在前期竞争中逐渐被淘汰出局。所以，哈罗开始进入一线城市。

2018 年 1 月，哈罗单车进入北京；2018 年 4 月进入上海；2018 年 4 月进入广州；2018 年 6 月进入深圳。

共享单车行业中大部分的单车企业会选择一二线城市的市场，但是，哈罗单车主打三四线城市，在三四线城市拓展市场。

对于一二线城市来说，单车的投放具有很大的吸引力，且一二线城市的用户消费水平较高，对于他们来说，"先交押金，后提供服务"的模式是可以接受的。对于三四线城市来说，一方面，用户的经济水平没有发达地区用户的经济水平高，在使用单车的过程中会考虑经济风险的问题，担忧押金的安全性。

但是，在一二线城市中，摩拜单车及 ofo 单车已经打开了市场，后入者很难在市场中挤占地位。

对于单车企业来说，三四线市场的用户需求是一个很大的缺口。因此，哈罗单车团队制定了开拓市场的独特手段：以用户的需求为主，

㊀ 姜梦杰·财务视角分析哈罗单车战略及挑战，会计师，2018 年第 11 期第 27—28 页

在三四线城市投放单车，打开三四线城市的单车市场。此外，哈罗单车针对三四线城市用户的经济需求，推行"全国免押金"的战略，消除了用户对押金安全性的担忧，有效地提高了哈罗单车的使用数量。

富勒说："若认为间接路线是万应灵丹，实乃大错。战略的目的是要击败敌人，若能够用直接路线达到此目的，则又何乐而不为。走间接路线只是一种不得已的下策而已。究竟应采取何种路线要依双方的态势决定。"㊀

以迂为直，是在以直接的方式无法成功或成本太高的情况下而采取的不得已策略，不可教条地、一味地以迂为直，也不要以直为迂。

4.8 通九变：权变策略

九变，无穷之机变。九，言数之极。灵活、机变是贯穿孙子十三篇的基本思想之一。做什么事情都必须掌握和遵循一定的规律，但任何规律都不能生搬硬套，要在遵循基本规律的前提下精于权变。

孙子曰："凡用兵之法，将受命于君，合军聚众，圮地无舍，衢地交合，绝地无留，围地则谋，死地则战。涂有所不由，军有所不击，城有所不攻，地有所不争，君命有所不受。故将通于九变之地利者，

㊀ 引自钮先钟著.孙子三论：从古兵法到新战略.桂林：广西师范大学出版社，2003年版第201页。

知用兵矣；将不通于九变之利者，虽知地形，不能得地之利矣。治兵不知九变之术，虽知五利，不能得人之用矣。(《孙子兵法·九变篇》)"

孙子说，打仗的基本方法是，将领接受国王的命令，集结军队或聚集民众，组编军队，开赴战场。沼泽之地不要驻扎；多国交界之地要结交诸侯；道路不通，无路可走，又无粮草的绝境之地不要停留；四面险阻围困之地，要想方设法尽快脱离；前不能进，后不能退，如果不拼死一战，冒险求胜的话，则难以生存的境地为死地，所以，死地则战！

有的道路可以不走；有的敌人可以不打击；有的城邑可以不攻占；有的地盘可以不争夺；甚至国王下达的命令，有的也可以不听从。

将领如果善于灵活机变的话，就称得上懂得打仗了；将领如果不善于灵活机变的话，虽然知道地理、地形，也不能得地利。指挥军队而不善于灵活机变，虽然知道"五利"（五利是指：涂有所不由，军有所不击，城有所不攻，地有所不争，君命有所不受），也不能充分发挥军队的战斗力。

孙子曰："**夫兵形象水，水之形，避高而趋下，兵之形，避实而击虚。水因地而制流，兵因敌而制胜。故兵无常势，水无常形，能因敌变化而取胜者，谓之神。**(《孙子兵法·虚实篇》)"

兵力的部署与调整要像水一样，水的流动，是避高而趋下；兵力的部署与调整，要避实击虚。水根据地形而流动，兵力要根据敌人的状态进行部署与调整，才能取得胜利。所以，兵力部署没有固定不变的态势，水也没有固定不变的态势，能够根据敌人的变化及时调整兵力部署而取胜的将领，就是"战神"。

孙子所说之意，在于战争的发展变化莫测，善于打仗的将领，一定要根据战争（或战场）的发展变化而灵活机动地变化，在变化中把握有利条件，把握主动权，赢得胜利。

有一句大家都知道的名言，就是："同以往的年代相比，当今商业环境中的一个更为突出的特征是：唯一不变的就是变化。"㊀面对复杂多变的商业环境，必须在遵循客观规律的前提下，灵活多变，并在应对变化的市场环境中，保持头脑清醒，善于控制各种变化中的风险。

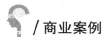/ 商业案例

百年柯达的衰败

1888年，伴随着"您只需按一下按钮，其余的我们来做"的口号，乔治·伊士曼为消费者带来了第一部简易相机。从此，柯达公司的品牌几乎传遍了世界每一个角落。

最早的数字图像采集设备诞生于20世纪60年代的美国，主要用于军事和太空探索。㊁随着半导体技术的发展和成本的大幅度降低，

㊀ 戴维（David, F.R.）著，李克宁译. 战略管理（第8版），北京：经济科学出版社，2001年版第21页。

㊁ 王博，王毅. 数码相机发展及市场格局，计算机工程与应用，2002年第22期第239-241页。

其应用开始向广告业、信息通讯等领域迅速扩展；作为电脑图像的新型输入设备之一的数码相机，以其处理传输快捷、多样精确、无损耗、无须化学冲印等特点，进入日新月异的数字消费类电子产品市场，成为数字化时代的前端产品。

早在1976年，柯达就率先研制出了世界上第一台数码相机。1991年，柯达就有了130万像素的数字相机。可以说，当时全世界的数码市场这块大蛋糕已经摆在了柯达面前，任由其切割。原本就在胶卷业实力超群的柯达再加上当时新兴的数码业务，无异于如虎添翼，其庞大的业务覆盖量足以让同行业竞争者绝望。

是继续守着给自己带来全球霸业的胶卷行业还是将重心逐步转移到更有潜力的数码相机？在这一问题的选择上，柯达选择了守护胶卷。柯达甚至一厢情愿地认为可以将自己研发的数码技术保密起来，等到把胶卷市场的利润赚到极致的时候再将业务重心转向数码相机，想以此来延缓胶卷市场的寿命。

2000年，伴随着数码相机的迅速崛起，统治了照相数十年的胶卷市场开始出现停滞；2001年，开始下跌并不断加速，以每年20%甚至30%的速度暴跌。这一现象似乎又是市场给柯达的一个警示，柯达也曾企图战略变革，向数码相机业务转型；但是，柯达始终不愿意放弃原先获得巨大成功的胶卷业，致使数码业务未能及时进入柯达的核心业务。

在数码相机飞速增长时期，佳能、索尼、尼康等企业纷纷杀入相机领域。当柯达真正意识到数码大潮已经彻底淹没胶卷未来的时候，缓慢进入数码相机领域的柯达发现，在传统胶片市场的技术储备已经失去了技术优势。数码革命风暴不仅搅乱了柯达对战略的选择，也加剧了市场的竞争。在胶片时代，柯达的眼光紧盯着富士。现在，虽然富士依然是柯达的对手，但佳能、索尼、尼康、奥林巴斯，甚至其他众多知名不知名的公司都站到了柯达的面前。

竞技场换了，竞争对手也变了，因此游戏规则也变了。由于高昂的成本、笨重的设备、严重的污染是底片与相纸生产和冲印过程中难以解决的问题；体积大、不能永久保存、查找困难也给使用底片和相纸的消费者带来不便。这一切使得消费者更倾向于简单、方便的数码相机，数码技术逐渐成为市场主流，而底片和相纸除了部分专业人士外，基本无人问津。

2012年1月3日，柯达官网发布公告，由于柯达股价已连续30个交易日低于1美元，纽约证券交易所已对其发出退市警告。根据纽交所公布的数据，从2011年1月11日到2012年1月5日，柯达的股价跌去了93.7%。2012年1月19日，柯达依据美国《破产法》第11章向纽约一家破产法院申请破产保护。柯达，这家百年老店却走向破产保护。

作为传统行业与文化的代表，柯达曾用胶卷记录了整整一个时代，然而，当人们唏嘘于一代黄色巨人在技术革新浪潮中轰然倒掉，却也不得不遗憾地发现，除了那些多年前残留的记忆，柯达能够给我们的，

似乎只剩一个影像帝国如何从盛极走向衰亡的失败案例。○

　　成熟技术存在被新技术完全替代的可能，今天的畅销品或许明天就将无人问津，企业只有随时保持敏锐的嗅觉和前瞻的眼光，把握住市场趋势，顺势而变，才能在激烈的竞争中立于不败之地。

 / 商业案例

全球最大口罩生产商是如何快速炼成的：
新冠肺炎疫情肆虐，新能源汽车巨头比亚迪快速生产口罩

　　2020年1月31日，正月初七，往年都是春节长假之后的第一个工作日。但由于新冠肺炎疫情正在肆虐，假期仍在继续，对于绝大多数普通人来说，待在家里就是为抗击疫情做贡献。然而，企业不能就这样停摆，必须尽快复工复产。这一天凌晨，正在海外出差的比亚迪总裁王传福在内部工作群发出一条指令："比亚迪必须尽快把口罩生产出来。"

　　做出这一决定，王传福心里算了两笔账：小账是比亚迪自己有20多万名员工，如果全面复工，每天需要50万只口罩，深圳有2000多万人口，每天也需要大量口罩，但当时市场上一"罩"难求，必须尽快加大供给；大账则是全国疫情严重，国家防疫任务艰巨，人民迫切需要口罩，作为中国制造业的代表，比亚迪有责任站出来。

　　小小口罩，看似并不难造。但要在短时间内实现大量生产，就必

○ 朱怡. 柯达沉浮记：浅析柯达破产原因, 商场现代化, 2012年7月（中旬刊）第48-49页。

须具备一定规模的生产线，关键的口罩生产设备成了最大的瓶颈。因为春节期间市场上根本就买不到设备，如果订购的话交货周期漫长，难以缓解燃眉之急。

买不到，等不及，就自己造。王传福亲自挂帅，携新能源汽车、电子、电池、轨道交通等事业部的12位负责人，调集3000名工程师成立项目组，开始全身心投入口罩生产设备的研发和测试工作。在3天时间内，他们画出了400多张设备图纸。

随后，比亚迪整合集团的电子模具开发、汽车智能制造、电池设备开发等资源，3000多名技术人员24小时轮班赶制。齿轮买不到，直接采用线切割机不计成本地制作；滚子买不到，调用电池产线、汽车产线的设备来加工。口罩生产设备上需要各种齿轮、链条、滚轴、滚轮，大概1300个零部件，其中90%是自制的。仅用7天时间，比亚迪自主研制的口罩生产设备就横空出世，远远超出了市面上最快也要15天才能造一台口罩机的速度。

2月17日，拥有了自主生产设备之后的比亚迪开始量产口罩。3月12日，日产量达500万只，相当于之前全国日产能的1/4。这一数字随后还不断攀升，到5月10日每天的产能就达到了5000万只，比亚迪也从一家新能源车企新晋成为全球日产量最大的口罩厂商。

快速投产、华丽转型背后是深圳企业长年练就的硬功夫。据比亚迪总裁办主任李巍介绍，比亚迪从成立之初，就组建了一支专业的装备研发和制造团队，一直从事电子、电池、新能源汽车等复杂生产线及设备的自主研发制造，整个集团有几万个加工中心，更有各种各样的磨床、模具等高精设备。强大的硬件条件和专业技术人员储备，让比亚迪在过去多年形成了开展大批量精密制造的能力和丰富经验。如果没有大批量精密制造的能力，没有各种高端模具和设备，没有大量工程师的人才储备，没有大规模的洁净房和无尘车间，全球第一的日产量根本无从谈起。

比亚迪品质处总经理赵俭平说："以比亚迪电子业务为例，我们做的高端手机对质量、防水性等各方面要求非常高，对相应的模具、自动化设备、制造工艺等的要求也非常高。也就是说，我们其实是用加工高端精密产品的设备去加工口罩机的，做出来的精度、质量各方面都远高于对口罩机的要求。"

2月至4月期间，比亚迪生产的口罩主要捐往湖北抗疫一线，也为深圳本地复工复产提供了有力支撑。4月下旬之后，在国内疫情防控阻击战取得重大战略成果、口罩供应充足的情况下，比亚迪又积极响应国家号召，针对国外口罩需求，新增生产专线，供往意大利、日本、塞尔维亚等国家和地区，为全球抗疫贡献中国力量。仅5月份，比亚迪口罩出口就超过10亿只。㊀

㊀ 严圣禾. 全球最大口罩生产商是如何快速炼成的，光明日报，2020年8月25日第5版。

4.9 取用于国，因粮于敌：低成本策略

孙子曰："**善用兵者，役不再籍，粮不三载；取用于国，因粮于敌，故军食可足也。……故智将务食于敌。食敌一钟**[一]**，当吾二十钟；萁秆**[二]**一石，当吾二十石。……故兵贵胜，不贵久。**[三]（《孙子兵法·作战篇》）"

孙子认为，善于打仗的将领，不三番五次地从国内征调士卒，不多次频繁地从国内运转粮草。必需的武器装备从本国取用，也就是从本国带来。而通用的粮草补给，则在敌国就地解决，这样，军队的粮草就可以满足需要了。这句话的重点是"取用于国，因粮于敌"。有智慧的将领，务必从敌人手里或敌方手里夺取粮食等军需物质。而且，相对于从国内运输来的粮草，从敌方夺得粮草1份，相当于从国内起运粮草20份。这不仅仅是由于从国内远途运输粮草的成本消耗，更深刻的道理是，如果我们从敌方夺取1份粮草，我们增加1份，而敌人少1份。我们的战斗力大大增加，而敌人战斗力则大大减少。所以说，智将务食于敌！

孙子在第二篇中反复强调战争耗费巨大，所以，在作战篇的最后提出了一个非常重要的战略原则，即：兵贵胜，不贵久。就是由于战

[一] 钟：古代容量单位。1钟等于64斗。
[二] 萁秆：豆秆等。泛指食料。
[三] 胜：胜任裕如。用兵作战以胜任裕如，举兵必克，速战速决为贵，不主张僵持消耗。

争耗费巨大，若久拖不胜，极其危险，所以，要速战速决。要胜，要速胜，绝不能把战争拖得太久，使自己陷入困局！

/ 军事案例

用奇谋孔明借箭㊀

周瑜聚众将于帐下，教请孔明议事。孔明欣然而至。坐定，瑜问孔明曰："即日将与曹军交战，水路交兵，当以何兵器为先？"孔明曰："大江之上，以弓箭为先。"瑜曰："先生之言，甚合愚意。但今军中正缺箭用，敢烦先生监造十万枝箭，以为应敌之具。此系公事，先生幸勿推却。"孔明曰："都督见委，自当效劳。敢问十万枝箭，何时要用？"瑜曰："十日之内，可完办否？"孔明曰："操军即日将至，若候十日，必误大事。"瑜曰："先生料几日可完办？"

孔明曰："只消三日，便可拜纳十万枝箭。"瑜曰："军中无戏言。"孔明曰："怎敢戏都督！愿纳军令状：三日不办，甘当重罚。"瑜大喜，唤军政司当面取了文书，置酒相待曰："待军事毕后，自有酬劳。"孔明曰："今日已不及，来日造起。至第三日，可差五百小军到江边搬箭。"饮了数杯，辞去。鲁肃曰："此人莫非诈乎？"瑜曰："他自送死，非我逼他。今明白对众要了文书，他便两胁生翅，也飞不去。我只分付军匠人等，教他故意迟延，凡应用物件，都不与齐备。如此，必然误了日期。那时定罪，有何理说？公今可去探他虚

㊀ 节选自《三国演义》第46回。

实，却来回报。肃领命来见孔明。孔明曰："吾曾告子敬，休对公瑾说，他必要害我。不想子敬不肯为我隐讳，今日果然又弄出事来。三日内如何造得十万箭？子敬只得救我！"肃曰："公自取其祸，我如何救得你？"孔明曰："望子敬借我二十只船，每船要军士三十人，船上皆用青布为幔，各束草千余个，分布两边。吾别有妙用。第三日包管有十万枝箭。只不可又教公瑾得知，若彼知之，吾计败矣。"肃允诺，却不解其意，回报周瑜，果然不提起借船之事，只言："孔明并不用箭竹、翎毛、胶漆等物，自有道理。"瑜大疑曰："且看他三日后如何回覆我！"却说鲁肃私自拨轻快船二十只，各船三十余人，并布幔束草等物，尽皆齐备，候孔明调用。第一日却不见孔明动静；第二日亦只不动。至第三日四更时分，孔明密请鲁肃到船中。肃问曰："公召我来何意？"孔明曰："特请子敬同往取箭。"肃曰："何处去取？"孔明曰："子敬休问，前去便见。"遂命将二十只船，用长索相连，径望北岸进发。是夜大雾漫天，长江之中，雾气更甚，对面不相见。孔明促舟前进，果然是好大雾！……

当夜五更时候，船已近曹操水寨。孔明教把船只头西尾东，一带摆开，就船上擂鼓呐喊。鲁肃惊曰："倘曹兵齐出，如之奈何？"孔明笑曰："吾料曹操于重雾中必不敢出。吾等只顾酌酒取乐，待雾散便回。"

却说曹寨中，听得擂鼓呐喊，毛玠、于禁二人慌忙飞报曹操。操传令曰："重雾迷江，彼军忽至，必有埋伏，切不可轻动。可拨水军弓弩手乱箭射之。"又差人往旱寨内唤张辽、徐晃各带弓弩军三千，火速到江边助射。比及号令到来，毛玠、于禁怕南军抢入水寨，已差弓弩手在寨前放箭；少顷，旱寨内弓弩手亦到，约一万余人，尽皆向江中放箭：箭如雨发。孔明教把船吊回，头东尾西，逼近水寨受箭，一面擂鼓呐喊。待至日高雾散，孔明令收船急回。二十只船两边束草上，排满箭枝。孔明令各船上军士齐声叫曰："谢丞相箭！"比及曹军寨内报知曹操时，这里船轻水急，已放回二十余里，追之不及。曹操懊悔不已。

却说孔明回船谓鲁肃曰："每船上箭约五六千矣。不费江东半分之力，已得十万余箭。明日即将来射曹军，却不甚便！"肃曰："先生真神人也！何以知今日如此大雾？"孔明曰："为将而不通天文，不识地利，不知奇门，不晓阴阳，不看阵图，不明兵势，是庸才也。亮于三日前已算定今日有大雾，因此敢任三日之限。公瑾教我十日完办，工匠料物，都不应手，将这一件风流罪过，明白要杀我。我命系于天，公瑾焉能害我哉！"鲁肃拜服。

船到岸时，周瑜已差五百军在江边等候搬箭。孔明教于船上取之，可得十余万枝，都搬入中军帐交纳。鲁肃入见周瑜，备说孔明取箭之事。瑜大惊，慨然叹曰："孔明神机妙算，吾不如也！"后人有诗赞曰："一天浓雾满长江，远近难分水渺茫。骤雨飞蝗来战舰，孔明今日伏周郎。"

少顷，孔明入寨见周瑜。瑜下帐迎之，称美曰："先生神算，使人敬服。"孔明曰："诡谲小计，何足为奇。"……

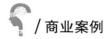/ 商业案例

可口可乐的当地主义

美国可口可乐公司第二任董事长伍德鲁夫先生为了发展壮大可口可乐饮料事业，曾提出了一个"让全世界都能喝上可口可乐"的战略口号。要让全世界的人都能喝上"可口可乐"，美国本土有能力生产出那么多吗？即便生产出来了，又如何解决长途运输问题？为了解决这些困难，伍德鲁夫就依据孙子"因粮于敌"的思想，想出了"当地主义"的经营谋略。㊀

所谓"当地主义"，即在当地设立工厂，在当地筹措资金，在当地招募工人，在当地推销产品。换言之，除了可口可乐的秘密配方外，所有制造可口可乐的厂房、机器、资金、工人、技术乃至推销都由当地人来充任，可口可乐总公司只需要派一名全权代表主持工作。伍德鲁夫的"当地主义"使可口可乐走向了世界市场，赢得了巨额的利润。

1979年，可口可乐开始重新进入中国。在"当地主义"这个战略思想的大前提下，可口可乐在中国主要采取"1+X"模式，简单地说，就是"一个浓缩液厂 + 多个装瓶厂"的体系。长期以来，"1+X"模式被誉为世界饮料行业的成功典范。

可口可乐公司自进入中国以来，始终坚持不求控股、但求合作的原则，分别与中国粮油食品进出口（集团）有限公司（简称中粮集团）、

㊀ 万城.让全世界的人都喝可口可乐：美国可口可乐公司海外市场营销策略，经济论坛，1998年第7期第3-5页。

嘉里集团和太古集团等紧密合作，累计投资已超过 12 亿美元，先后建立了 1 家浓缩液厂、29 家装瓶公司和 35 家工厂，员工超过 2 万人。对于掌控在自己旗下的这些企业，可口可乐在与之成立的合资公司里的股份，分别仅有 35%、12.5% 和 12.5%，且公司生产的原料 99% 是从中国本土采购，98% 的员工为中国人，所有中国系统装瓶厂使用的浓缩液均在上海制造。这种投资方式或者说经营方式对可口可乐而言，既可以使公司实现低成本扩张，又能降低其经营风险。这种投资方式通过双赢给合作伙伴带来了稳定丰厚的利益，易于调动合作伙伴的积极性，充分发挥当地企业的优势，从而提高投资成功率。○

另外，可口可乐在中国市场的运作并不是简单地照搬其在美国或是其他地区的商业模式，而是始终作为一家本土化企业，根据中国市场的变化特点，制定行之有效的营销推广策略，不断对产品和服务进行调整，使之真正符合中国消费者的需求。

4.10 善用兵者，譬如率然：一体化策略

孙子曰："故善用兵者，譬如率然；率然者，常山之蛇也。击其首则尾至，击其尾则首至，击其中则首尾俱至。敢问：兵可使如率然

○ 李细建. 跨国企业的当地化营销策略：可口可乐的当地化营销探析, 发展研究, 2010 年第 2 期第 89-91 页.

乎？曰：可。（《孙子兵法·九地篇》）"

　　古代传说中的这种常山蛇，能首尾互相救应，因此，以其喻首尾相顾的阵法。张预曰：此喻阵法；《八阵图》曰：以后为前，以前为后，四头八尾，触处为首，敌冲其中，首尾俱救。

　　在商业战略中，我们常说的一体化战略类似如此，如图4-9所示。

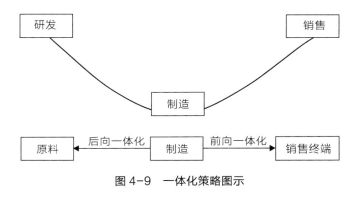

图 4-9　一体化策略图示

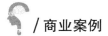/ 商业案例

原料、生产、销售：雅戈尔整合产业链

　　雅戈尔是世界上唯一一家上游种棉花、中游做生产、下游做销售的服装企业，拥有整条产业链的以品牌服装为主业的集团公司。

　　雅戈尔集团创建于1979年，是一家以品牌服装为主业的集团公司。雅戈尔集团股份有限公司于1998年在上海证券交易所挂牌上市。进入2000年后，国内服装行业竞争日趋激烈。加入WTO后，雅戈尔又在国内、国际市场与国际服装品牌直接交锋。如何在当时的市场环境下，实现销售和利润的持续增长，保持并加强公司持续发展的能力，是公司需要解决的主要问题。公司董事会研究决定：第一，积极向上游产业发展，延伸和强化公司的产业链。通过在上游产业确立竞争优势，完善公司的主营业务产业链，加强核心竞争力；加大对营业网点的投入，控制主导产品的销售渠道和销售终端；引入先进的管理系统和理念，运用信息技术实现对生产、配送和销售的动态管理，提高效率，降低成本⊖。2003年，雅戈尔通过与外商合资、高起点投资建设的雅戈尔纺织城顺利投产，雅戈尔纺织城是国内最先进的纺织基地之一，涉及色织、印染针织等多个领域。纺织城的投产使公司形成集"纺织－服装－零售"为一体的产业链，强化了公司的核心竞争力⊖。

  2007年，雅戈尔垂直产业链优势进一步体现，从新疆的优质棉田到国内最先进的纺织服装生产基地，以及遍布全国的营销网络，雅戈尔已构筑起企业强大的核心竞争力。通过垂直整合，雅戈尔在提升成本控制能力的同时，从源头起便有效掌控生产的质量管理，并通过上下游企业的协同，缩短了产品的开发周期，使企业的物流系统及销售网络运行更趋灵活、服务更加到位。尤为重要的是，纺织板块各企业在加强产业链协同创新能力的基础上加大设计开发力度，推动整体产品结构的优化。公司"纺织—服装—零售"一体的产业链架构有效地提升了雅戈尔服装的品牌附加值，对公司市场竞争实力的提升起到

  ⊖ 雅戈尔集团股份有限公司2001年年度报告。
  ⊖ 雅戈尔集团股份有限公司2001年年度报告。

了关键作用○。

到 2019 年，在四十年的发展中，雅戈尔逐步搭建了从棉花种植、纺纱织造、成衣设计、制造加工、终端零售的全产业链，形成了独有的贯穿产业链联动的技术创新模式○。

 / 商业案例

福耀玻璃的原材料基地建设

在汽车玻璃行业，原辅材料的成本占据了整个玻璃生产成本的 40% 以上，因此原材料的价格直接决定了玻璃的销售价格，从而对于整体竞争力有较大的影响。全球其他玻璃厂商由于业务范围广，覆盖范围大，特别是汽车玻璃销售占比相对较小的企业，无法也不愿自行生产原辅材料，大都采用购买的方式。而福耀玻璃则不然，它采用了深度上游渗透的战略，在福建福清、内蒙古通辽、辽宁本溪及重庆万盛拥有八条汽车级优质浮法玻璃生产线（原辅材料），年产量 142 万吨，公司原辅材料自给率已达 80%–90%。在这种情况下，不论市场上原辅材料的价格如何变动，福耀玻璃始终做到了可以以成本价获得"战争中粮草"，并且在某些情况下，甚至可以向竞争对手销售原辅材料。○

○ 雅戈尔集团股份有限公司 2007 年年度报告。
○ 雅戈尔集团股份有限公司 2019 年年度报告。
○ 本案例由上海交通大学安泰经济与管理学院 2019 级 MBA 学生胡佳豪撰写。

4.11 地形：六种特征市场的竞争策略

孙子曰："地形有通者，有挂者，有支者，有隘者，有险者，有远者。（《孙子兵法·地形篇》）"孙子将地形划分为：通、挂、支、隘、险、远六种。

孙子在地形篇中论述了六种战场的地理形态对战争胜负的影响。孙子的战略思想很注重借助于战争所处环境之势，包括山势、水势、风势等。孙子在这里论述的是六种战场环境下应该采取的作战策略。

引用到商业竞争中，则可以视为在六种不同竞争环境形势下的竞争策略。

1. 通形

孙子曰："我可以往，彼可以来，曰通；通形者，先居高阳，利粮道，以战则利。（《孙子兵法·地形篇》）"我们可以去、敌人可以来的地域叫作通；在通形地域，应抢先占据地势高而向阳的地方，并保持粮道畅通，这样与敌交战就有利。

在商业竞争中，进入成本和退出成本都比较低的行业竞争环境或市场竞争环境类似于"通形"。在一个进入成本与退出成本都比较低的竞争环境下，要抢先进入市场并占领市场的有利位置，使自己的产品供货渠道顺畅，以便借助占先优势打击后进入市场的竞争者。

2. 挂形

孙子曰:**"可以往,难以返,曰挂。挂形者,敌无备,出而胜之;敌若有备,出而不胜,难以返,不利。(《孙子兵法·地形篇》)"**
容易进入、不易返回的地域叫作挂。在挂形地域,如果敌人没有防备,就要突然出击战胜敌人;如果敌人有防备,我出击不能取胜,则敌人据险阻击我归路,我们就难以返回了,对我们非常不利。

在进入门槛(成本)比较低但退出门槛(成本)比较高的市场竞争环境下,若市场在位者没有明显的打击新进入者的政策与态势,后进入者可瞄准机会,快进快出,以优良的产品和服务,快速营销,获得收益。不可过多投入固定资产或固定设施等,以避免陷入危局难以退出。如果市场在位者对新进入者采取了阻止措施,后进入者不要轻率进入,避免损失殆尽。

低技术、高资本投资的产业竞争环境,如勘探业、采掘业等可能充满陷阱;低资本投入、高经营成本行业的竞争环境也属于挂形。

3. 支形

孙子曰:**"我出而不利,彼出而不利,曰支。支形者,敌虽利我,我无出也;引而去之,令敌半出而击之,利。(《孙子兵法·地形篇》)"**
支形,指敌对双方均可据险对峙,谁先攻击,对谁不利。凡是我出击不利、敌出击也不利的地方,叫作支;在支形地区,敌人虽然以利诱我,也不要出击;最好是带领部队假装败走,诱使敌军出来一半时,我再突然回兵攻击敌人，这样最有利。

在同一市场中，实力对峙的竞争企业，该如何破解对峙僵局、赢得主动？按照孙子的战略思想，在这种竞争环境态势下，甲方应该有计划、有准备地抓住乙方想拼命从甲方争夺市场的时机，主动放弃双方竞争的产品市场，诱惑乙方大举跟进，以大量的人力、物力占据甲方主动放弃的市场，则此时甲方再将更新换代的新产品迅速推向市场。

4. 隘形

孙子曰："隘形者，我先居之，必盈之以待敌；若敌先居之，盈而勿从，不盈而从之。（《孙子兵法·地形篇》）"隘形者，两山间通谷也。在隘形地域，如果我们抢先占据隘口，就迅速使用重兵封锁隘口，等待敌人到来；如果敌人先占据隘口，并以重兵据守，我们千万不要进击；若敌人没有用重兵据守隘口，我们要迅速攻占隘口。

在商业竞争中，有所谓"关卡"策略。以独一无二的技术或资源，控制着某一夹缝市场。能够构成关卡的，大致来自三个方面：第一，拥有最先开发出的技术；第二，绝对与众不同；第三，能保持与众不同。很多创业者就是凭着拥有与众不同或先进或特殊的技术（技能）创办了自己的公司。

5. 险形

孙子曰："险形者，我先居之，必居高阳以待敌；若敌先居之，引而去之，勿从也。（《孙子兵法·地形篇》）"在险形地区，如果我们抢先占领，就要占据地势高而向阳的地方，控制高地，等待敌人；如果敌人抢先占领，我们要主动撤退，不要进攻。

在商业竞争中，若高为技术高度，阳为眼前收益（或金钱收益），则竞争策略是：第一，掌握产业核心技术，以核心技术的知识产权占据并控制技术高度。第二，占据并控制关键市场。第三，如果对技术和市场的控制权必须做出取舍，当舍市场，而不可舍技术。

6. 远形

孙子曰："远形者，势均，难以挑战，战则不利。（《孙子兵法·地形篇》）" 在远形地区，双方势均力敌，不宜挑战，勉强求战，于我不利。处于"远形"时，战争双方都远离大本营，如果战争双方的军事实力相当，孙子认为，不要直接开战，因为直接开战对双方中的任何一方都是弊多利少的。

在商业竞争中，如果双方竞争实力相当，按照孙子的"远形"策略，距离遥远的公司应当避免直接竞争。但现在是互联网和全球化的时代，空间上的距离远近对竞争影响有限，但也存在地理位置远近对竞争的影响（比如，不便于长途运输的产品或业务等）。

孙子曰："夫地形者，兵之助也。料敌制胜，计险厄、远近，上将之道也。知此而用战者必胜，不知此而用战者必败。（《孙子兵法·地形篇》）"地形是打仗取胜的辅助条件。正确判明敌情，为夺取胜利，考察地形险易，计算道路远近，这是高明将领的重要职责，也是必须掌握的战略战术。懂得这些道理去指挥作战的将领，必然胜利；不懂得这些道理去指挥作战的将领，必然失败。

4.12 九地：跨区域竞争策略

孙子曰："**用兵之法，有散地，有轻地，有争地，有交地，有衢地，有重地，有圮地，有围地，有死地。……是故散地则无战，轻地则无止，争地则无攻，交地则无绝，衢地则合交，重地则掠，圮地则行，围地则谋，死地则战。**（《孙子兵法·九地篇》）"

孙子提出的不同环境下的作战策略是：散地不交战；轻地不停留；在争地，若敌人占领，不可进攻；在衢地，要结交诸侯；在重地，要掠夺资源粮草；在圮地，要迅速通过；在围地，则巧设计谋；在死地，则殊死奋战。

1. 散地

孙子曰："**诸侯自战其地，为散地。**（《孙子兵法·九地篇》）""散"相对于"专"。诸侯在自己的领地与敌作战，其士卒在危急时很容易逃散，故称为"散地"。孙子曰："**是故散地，吾将一其志。**（《孙子兵法·九地篇》）"即统一士众心志。

黄昭虎教授认为[1]：一家公司应控制在每一个参与竞争的市场投放品牌的数量，如果一定要投放新品牌，那么，应该具有针对性，集中在一个新的或不同的市场领域，以防止现有品牌的自相残杀。

阻止竞争对手进入自己控制的市场之内；如果竞争对手进入了自己控制的市场，则要迅速集中资源能力，将竞争对手逐出自己控制的市场。

2. 轻地

孙子曰："**入人之地而不深者，为轻地。**（《孙子兵法·九地篇》）""轻"相对于"重"，皆指战于敌境，"轻地"是入敌境浅的地区，"重地"是入敌境深的地区。若军队在入敌境浅的地区作战，士卒因离本土不远，危急时容易心生退却，逃跑返乡；因此，孙子曰："**轻地，吾将使其属。**（《孙子兵法·九地篇》）"即千万不要在轻地停留，要连续不断地向纵深推进。

在新的区域市场上推出原有的产品或新产品时，不可以停留在一点点的成功上，必须全力以赴，直到在市场上具有竞争能力时可稍缓，但也不可停止。

---

[1] 黄昭虎，李开胜著.孙子兵法：商场上的应用，新加坡：艾迪生维斯理出版有限公司，1997年第67页。

3. 争地

争地，乃兵家必争之地。孙子曰：**"我得则利，彼得亦利者，为争地。（《孙子兵法·九地篇》）"** 谁先占领，对谁就有利。争地指在常规战争中的军事战略要地、会战时的制高点等。孙子曰：**"争地，吾将趋其后。（《孙子兵法·九地篇》）"** 在后边紧紧地驱赶自己的士卒快速前进，争分夺秒，抢先占领"争地"。

在商业中，至少有三种商家必争之地：一是具有战略地位的区域市场（包括新产业市场等）；二是具有战略地位的技术或功能性产品；三是具有战略地位的原材料供应市场。

在争地，应最大限度地抢占地盘，不要主动攻击他人（不要恋战，而是以抢占战略高地为主），并将所占领的战略高地控制住。

4. 交地

孙子曰：**"我可以往，彼可以来者，为交地。（《孙子兵法·九地篇》）"** 交地，地势平坦，道路交错。张预曰：地有数道，往来通达，而不可阻绝者，是交错之地也。"交地"与"通形"虽有相似之处，但又有所不同；通乃渠道畅通，可来可往；"交地"乃多渠道交汇之地。

在商业上，某种类商品交汇之地是常见之事。"交地无绝（无绝，互相联系，不可断绝）""交地，吾将谨其守。"要保证自己的渠道畅通无阻，又要保持与其他渠道商保持联系。在交地，要谨慎，注意防守。

5. 衢地

孙子曰："**诸侯之地三属，先至而得天下之众者，为衢地。……衢地则合交……衢地，吾将固其结。（《孙子兵法·九地篇》）**"衢地是指敌我及其他诸侯国连接的地区；在衢地则应结交其他诸侯国，巩固与诸侯国的结盟。

在一个多方制衡的区域，与多方保持友好特别是与大竞争者交好（或者制服最大的竞争者），是一个很重要的事情。"衢地则合交（与其他诸侯国结交）""衢地，吾将固其结（巩固与诸侯国的结盟）。"

6. 重地

孙子曰："**入人之地深，背城邑多者，为重地。……重地则掠，……重地，吾将继其食。（《孙子兵法·九地篇》）**" 即，深入敌境，背靠敌人许多城邑的地区，叫作重地。深入敌方腹地，后方接济困难，必须"因粮于敌"，就地解决军队的补给问题；掠，掠夺、夺取；从背后依托的城邑、乡村掠取资源，确保粮草等军需资源的供给。

在商业上，当公司在对外进行直接投资时，犹如处于"重地"。处于重地的公司，要拼命抢夺当地资源，大力实施本土化策略。

7. 圮地

孙子曰："**行山林、险阻、沮泽，凡难行之道者，为圮地。……圮地则行，……圮地，吾将进其涂。（《孙子兵法·九地篇》）**""涂"

同"途","进其涂"是迅速通过的意思。

战争中的"圮地",类似商业中产品生命周期的成熟阶段的后期,在成熟产品市场上,确保产品停留时间不要太长(孙子说:"圮地无舍",即在"圮地"不可驻扎,不可停留),应积极开发新产品,避免陷入衰退期。

8. 围地

孙子曰:"所由入者隘,所从归者迂,彼寡可以击吾之众者,为围地。……围地则谋。(《孙子兵法·九地篇》)"围地是指进入路线狭窄、退出路线曲折,既不容易进也不容易出的地境。其所具有的禁闭性可使小股力量在与强大力量对峙时游刃有余地展开各种伏击战。

在商业竞争中,存在竞争优势十分狭窄的商业环境,比如制药行业。制药行业具有很大的局限性,必须持续、大规模地研发投资,否则很难有大的作为,退出也十分艰难。一旦有疗效更好的新药,就会把以前的药品踢出市场。

主要依靠功能而取得市场优势的行业,则更依靠"专利战略"。

孙子曰:"围地,吾将塞其阙。(《孙子兵法·九地篇》)"即堵塞缺口,使士卒不得不拼死作战。阙,乃缺口也。

9. 死地

孙子曰:"疾战则存,不疾战则亡者,为死地。……死地则战。……

死地，吾将示之以不活。（《孙子兵法·九地篇》）"曹操、李筌曰：励士也。杜佑曰：励士也。焚辎重，弃粮食，塞井夷灶，示无生意，必殊死战也。梅尧臣曰：必死可生，人尽力也。⊖

在商业上，面对"死地"的事例也有许多。在竞争中失利、经营陷入困境、濒临倒闭的公司，在尚有一线生机时，公司全体应团结一心、拼命努力，以求起死回生！

孙子曰："**故兵之情：围则御，不得已则斗，过则从。**（《孙子兵法·九地篇》）"即打仗的情形是：被包围就会竭尽全力抵抗，形势险恶，迫不得已就会拼死战斗，陷于危险的境地，就会听从指挥。

4.13 以火佐攻者明：广告轰炸

孙子曰："**凡火攻有五：一曰火人，二曰火积，三曰火辎，四曰火库，五曰火队。行火必有因，烟火必素具。发火有时，起火有日。时者，天之燥也；日者，月在箕、壁、翼、轸也；凡此四宿者，风起之日也。凡火攻，必因五火之变而应之。**（《孙子兵法·火攻篇》）"

火攻，就是以"火"作为进攻的手段或工具，或用"火"来辅助进攻。在战争中用火攻攻击敌人可以说是远古就有之，但对于火攻的

⊖ 【春秋】孙武撰，曹操等注，杨丙安校理.十一家注孙子，北京：中华书局，2012年版第228页。

技术作科学化的分析,孙子可能是第一人。⊖孙子首先根据攻击目标把火攻划分为五类。

1. 火人

火人就是火烧敌人的军队。

军事案例

博望坡军师初用兵⊜

曹操差夏侯惇引兵十万,杀奔新野来了。玄德请孔明商议。孔明曰:"但恐关、张二人不肯听吾号令;主公若欲亮行兵,乞假剑印。"玄德便以剑印付孔明,孔明遂聚集众将听令。张飞谓云长曰:"且听令去,看他如何调度。"孔明令曰:"博望之左有山,名曰豫山;右有林,名曰安林:可以埋伏军马。云长可引一千军往豫山埋伏,等彼军至,放过休敌;其辎重粮草,必在后面,但看南面火起,可纵兵出击,就焚其粮草。翼德可引一千军去安林背后山谷中埋伏,只看南面火起,便可出,向博望城旧屯粮草处纵火烧之。关平、刘封可引五百军,预备引火之物,于博望坡后两边等候,至初更兵到,便可放火矣。"又命:"于樊城取回赵云,令为前部,不要赢,只要输,主公自引一军为后援。各须依计而行,勿使有失。"……

⊖ 钮先钟著.孙子三论:从古兵法到新战略,广西师范大学出版社,2003年版第101页。

⊜ 节选自《三国演义》第39回。

却说夏侯惇与于禁等引兵至博望，分一半精兵作前队，其余尽护粮车而行。时当秋月，商飙徐起。人马趱行之间，望见前面尘头忽起。惇便将人马摆开，问向导官曰："此间是何处？"答曰："前面便是博望城，后面是罗川口。"惇令于禁、李典押住阵脚，亲自出马阵前。遥望军马来到，惇忽然大笑。众问："将军为何而笑？"惇曰："吾笑徐元直在丞相面前，夸诸葛亮为天人；今观其用兵，乃以此等军马为前部，与吾对敌，正如驱犬羊与虎豹斗耳！吾于丞相前夸口。要活捉刘备、诸葛亮，今必应吾言矣。"遂自纵马向前。赵云出马。惇骂曰："汝等随刘备，如孤魂随鬼耳！"云大怒，纵马来战。两马相交，不数合，云诈败而走。夏侯惇从后追赶。云约走十余里，回马又战。不数合又走。韩浩拍马向前谏曰："赵云诱敌，恐有埋伏。"惇曰："敌军如此，虽十面埋伏，吾何惧哉！"遂不听浩言，直赶至博望坡。一声炮响，玄德自引军冲将过来，接应交战。夏侯惇笑谓韩浩曰："此即埋伏之兵也！吾今晚不到新野，誓不罢兵！"乃催军前进。玄德、赵云退后便走。

时天色已晚，浓云密布，又无月色；昼风既起，夜风愈大。夏侯惇只顾催军赶杀。于禁、李典赶到窄狭处，两边都是芦苇。典谓禁曰："欺敌者必败。南道路狭，山川相逼。树木丛杂，倘彼用火攻，奈何？"禁曰："君言是也。吾当往前为都督言之；君可止住后军。"李典便勒回马，大叫："后军慢行！"人马走发，哪里拦当得住？于禁骤马大叫："前军都督且住！"夏侯惇正走之间，见于禁从后军奔来，便问何故。禁曰："南道路狭，山川相逼，树木丛杂，可防火攻。"夏侯惇猛省，即回马令军马勿进。言未已，只听背后喊声震起，早望见一派火光烧着，随后两边芦苇亦着。一霎时，四面八方，尽皆是火；又值风大，火势愈猛。曹家人马，自相践踏，死者不计其数。

这故事讲的就是"火人"，即诸葛亮以火攻击入侵新野的曹军。赵云和刘备先引诱夏侯惇率军进入杂草树林茂密、道路狭窄的博望坡深处，时值深秋，草木干燥，又正当大风天气，诸葛亮以火助攻打败曹军精锐。

2. 火积

火积就是火烧敌人囤积的粮草。积是委积，委积是储存起来的粮食和草料；火积就是焚烧敌人的粮仓和草料场。古代的粮仓分为两种，方型的叫仓（也称为"京"），圆型的叫囷。

军事案例

劫乌巢孟德烧粮[一]

曹操与袁绍战于官渡，曹操粮草将尽，难敌袁绍大军。正在危机时刻，袁绍帐下谋士许攸来降，许攸对曹操说："明公以孤军抗大敌，而不求急胜之方，此取死之道也。攸有一策，不过三日，使袁绍百万之众，不战自破。明公还肯听否？"操喜曰："愿闻良策。"攸曰：

[一] 节选自《三国演义》第30回。

"袁绍军粮辎重，尽积乌巢，今拨淳于琼守把，琼嗜酒无备。公可选精兵诈称袁将蒋奇领兵到彼护粮，乘间烧其粮草辎重，则绍军不三日将自乱矣。"操大喜，重待许攸，留于寨中。次日，操自选马步军士五千，准备往乌巢劫粮。教张辽、许褚在前，徐晃、于禁在后，操自引诸将居中：共五千人马，打着袁军旗号，军士皆束草负薪，人衔枚，马勒口，黄昏时分，望乌巢进发。却说曹操领兵夜行，前过袁绍别寨，寨兵问是何处军马。操使人应曰："蒋奇奉命往乌巢护粮。"袁军见是自家旗号，遂不疑惑。凡过数处，皆诈称蒋奇之兵，并无阻碍。及到乌巢，四更已尽。操教军士将束草周围举火，众将校鼓噪直入。时淳于琼方与众将饮了酒，醉卧帐中；闻鼓噪之声，连忙跳起问："何故喧闹？"言未已，早被挠钩拖翻。粮草尽行烧绝。

这里讲的就是"火积"。曹操伪装成袁绍的将领蒋奇，以保护粮草为由，偷袭到袁绍囤积在乌巢的粮草大营，曹操军士携带放火用的柴草，以火焚烧了袁绍的粮草。

3. 火辎

辎为在运输途中的车辆，即辎车。辎车也称重车，用牛拉。军队开拔，随军携带的武器装备、军需物质粮草等都叫辎重。

4. 火库

焚烧敌人的武器装备库。这里的"库"是"武器库"，不是一般的仓库或粮库（在古代，储存粮食的地方叫仓或囷）。

5．火队

队与隧通，即以火切断敌人进攻我们道路，或以火切断敌人撤退的道路，或以火切断敌人运输粮草物质的道路等等。

/军事案例

奇袭阳明堡日军机场

1937年10月19日夜，八路军129师769团向日军修建在代县西南的阳明堡飞机场突然发起进攻，经过1个小时激战，击毁击伤飞机24架，歼灭日军100余人，有力地配合了国民党军在忻口正面战场的作战。

用什么东西来干掉飞机，战斗之前大家想了好多办法，有的说用柴草烧，有的说用刺刀戳、用枪托砸，有的说用机关枪打，最后确定主要用手榴弹。到了跟前，有的战士拿着手榴弹围着飞机转圈，有的战士干脆就拿手榴弹砸，有人把手榴弹丢在飞机上，拉了弦就跑，有的战士抱一大抱柴草堆在飞机底下点着火就烧，有的战士把手榴弹塞在飞机起落架的缝里，把敌机炸毁。不管用什么办法，只要把手榴弹拉响，把火点着，敌机不用多久就要烧起来。敌人的飞机一架架相继起火，汽油流淌到地上，很快扩散开去，着火的面积不断扩大，秋风也助长了火势，整个机场很快变成了一片火海。经过1个多小时的激

烈战斗，日军飞机全部被摧毁。○

在冷兵器时代的战争中使用火攻的故事很多，要想通过火攻取得非常好的战绩，需要借助自然条件，一是干燥的气候；二是有利于火攻的风向和风力的大小；三是易于燃烧的战场（易燃杂草与树木茂密）。同时，引燃器材要准备好。这就是孙子说的："行火必有因（因，是指条件。实施火攻必须具备一定的条件），烟火必素具（烟火，烧具也。发火器材必须平素准备好）。发火有时，起火有日。时者，天之燥也（气候干燥的时候）；日者，月在箕、壁、翼、轸也；凡此四宿者，风起之日也（多风的时候）。"

商业竞争中广告的投放类似于火攻，所以，人们常常谓之以"广告轰炸"。举一个非常典型的案例，就是"标王"秦池酒。

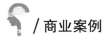/ 商业案例

"标王"秦池酒

1994 年，央视将黄金时段广告位拿出来进行全国竞标，中标企业还会获得一个"威震江湖"的名字——"标王"。1995 年 11 月 8 日，姬长孔揣着 0.3 亿元来到了央视梅地亚中心。对他来说，这场竞标跟"沈阳战役"打法并无本质的不同。只是面对一个更大的市场和一个更能制造轰动的机会，标底也应该是更惊人的。0.3 亿元，是 1994 年秦池

○ 雨水．夜袭阳明堡：以步兵歼灭大量敌机的光辉战例，先锋队，2009 年第 5 期第 40-41 页。

酒厂一年利税的总和，意味着三万吨白酒，足以淹没这个豪华的竞标会场，却未必能胜券在握。姬长孔连夜与临朐方面联系，得到了当地政府的大力支持，经过一系列的谋划，一个新的标底终于浮出水面。唱标结束，山东秦池酒厂以6666万元竞得"标王"！"标王"就此诞生，镁光灯和记者簇拥而来，一时间，秦池、临朐成了众人关注的焦点。

1995年，西安、兰州、长沙等重点市场被陆续攻下，秦池酒的销售额也连续翻番，当年年底组建了以秦池酒厂为核心的秦池集团。1996年，根据秦池对外通报的数据，当年企业实现销售收入9.8亿元，利税2.2亿元，增长五到六倍，"标王"给秦池带来了市场，创造了一个企业神话。⊖

4.14 以水佐攻者强：市场冲击与市场渗透策略

孙子曰："故以火佐攻者明，以水佐攻者强。水可以绝，不可以夺。（《孙子兵法·火攻篇》）"

孙子曰："夫兵形象水，水之形，避高而趋下，兵之形，避实而击虚。水因地而制流，兵因敌而制胜。故兵无常势，水无常形，能因敌变化而取胜者，谓之神。（《孙子兵法·虚实篇》）"

⊖ 龙复生."标王"秦池陨落再思考，决策与信息，2010年第9期第70-71页。

1. 居高临下的市场冲击策略

这一策略源自《孙子兵法》中所说的"胜者之战民也，若决积水于千仞之豁者，形也。（《孙子兵法·形篇》）" 即在军事实力处于绝对优势的"胜"者，所拥有的军事实力就像能够随时可以决开的、积存在千仞高山上的积水，这个一旦决开、放下的高山积水就会瞬间倾泻直下，产生巨大的冲击力。

特斯拉从高端电动汽车做起，以高科技、高端品牌和超豪华高档车的形象受到世人瞩目，采取从高端超豪华电动汽车到中高档豪华电动汽车，再到大众电动汽车的战略，这就是一种居高临下的市场冲击策略。

2. 山洪暴发或河水决堤之策略

孙子曰："激水之疾，至于漂石者，势也。（《孙子兵法·势篇》）"即急速流动的水，产生了能够把大石头冲击得飘动起来的冲击力量，这个"冲击力量"就是"势"。

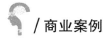 / 商业案例

"双十一"促销

在商业上最为类似的战略行为就是节日的大规模促销策略，比如"双十一"促销。双十一购物狂欢节，是指每年11月11日的网络促销日，源于淘宝商城（天猫）2009年11月11日举办的网络促销活动。如今，

"双十一"已成为中国电子商务行业的年度盛事,并且逐渐影响到国际电子商务行业。以 2019 年"双十一"为例,全网"双十一"全天销售额达到 4101 亿元,同比增长 30.5%。

电商通过犹如狂风骤雨或山洪暴发的"双十一"促销,对实体商店同类型的商品销售造成很大的冲击。

3. 面对无孔进入的市场,采取渗透策略

市场渗透策略是实现市场逐渐扩张的战略,但扩张速度取决于产品在市场的渗透速度。

/ 商业案例

恒安:如何做到市场渗透率领先于可口可乐

福建恒安集团有限公司创立于 1985 年,是目前国内知名的生活用纸和妇幼卫生用品制造商。恒安国际于 1998 年 12 月 8 日在香港联交所上市。○

凯度消费者指数报告显示,截至 2018 年 10 月 5 日的 52 周里,共有 21 家快速消费品企业的商品,被超过一亿个的家庭购买过,其中恒安集团以整体家庭渗透率 76.3% 位列榜单第 7 位,排在宝洁、伊利、蒙牛、康师傅、雀巢、联合利华之后,领先于可口可乐。○

○ http://www.hengan.com/column/20/。

○ 恒安集团整体家庭渗透率达 76.3%,位列凯度指数榜单第 7 位(https://www.sohu.com/a/277937199_707854)。

恒安集团在报告期内整体家庭渗透率高达76.3%，离不开平台化销售小团队对其销售网络的成功"活化"。恒安集团自2016年年底起布局"平台化小团队经营"策略（即恒安特色的阿米巴，打造平台化小团队经营与合伙制，以实现企业平台化、员工创客化，使人人成为经营者），凭借其（平台化小团队经营）贴近消费者的灵活性及市场反应能力，以及从消费者角度出发的原则，恒安集团可以快速地就供货、产能及产品开发做出调整，按照各个市场消费者的需求，有效制定更适合各地域性市场的销售策略，以及推出针对不同消费族群的产品。

2018年上半年恒安集团先后与阿里零售通和京东新通路签订战略合作协议，借助互联网巨头的新零售大数据，玩转"粉丝经济"，与代言人紧密配合，精准发现每一位消费者的需求，进一步渗透和弥补市场。[一]

采取像水一样的市场渗透，可能的行为策略很多，诸如名人代言、人际传播、学术营销、各种赞助、扫楼营销等，可谓五孔不入。

辅助产品、辅助服务也可以顺着主产品而渗透到客户手中。后续开发的产品可以顺着前期开发的产品而渗透到客户手中。

作为配套产品或服务之一，嵌入其他成套产品或成套服务中，这

[一] 王文通.恒安：如何做到市场渗透率领先于可口可乐，中国品牌，2018年第S2期第42-44页。

个嵌入的产品或服务就是通过成套产品渗透到消费者中。

/ 商业案例

智能锁的市场渗透策略

据不完全统计，2018年，中国生产智能锁的企业有3000多家。[一] 尤其是电商平台带动了智能锁的快速增长之后，做智能锁的企业和品牌更是不计其数。有做机械锁的企业，有生产门的企业，有安防系统的品牌，有家电品牌，也有专业的智能锁品牌。这么多的智能锁品牌，它们都是从哪个渠道出货呢？

第一是地产项目。常规情况下，大门安装的普通锁都是门厂赠送的，既没有品牌，安全性也非常低。对于那些中高端的地产项目，几百万元、上千万元一套的房子，配一把智能锁是必需的，智能锁成了地产商的宣传噱头之一。一个小区几千套房子就安装了几千把智能锁，地产项目是最大的智能锁通路。消费者不参与选择，工程招标直接安装。因此，全国各地的地产项目聚集了各类的智能锁品牌。既有金指码这种专业化品牌，也有海尔等知名家电品牌贴牌的产品，前提是能中标。此类住宅大多定位于中高端，因此，地产项目在招标的时候要衡量品牌、外观、功能和价格等多方面的因素。绑定几个地产品牌，产品随着各地的地产项目，每年消化几万台智能锁是不成问题的。

第二是安防系统商。一些高档小区的物业公司会在小区内安装摄像

[一] 朱东梅.市场渗透加强,智能锁成为新的风口产品,2018年第17期第61-64页.

头、监控等安防设备，指纹锁也是其中之一。尤其是与物联网连接的智能锁，具备的安防意义更多，高端社区的安装量很大。同时，一些出租公寓也开始大量安装智能锁，并与其后台的大数据系统产生很多数据化的信息产品。对于这些公寓来说，智能锁的大数据意义远高于产品的功能本身。

第三是智能家居运营商。现在很多装修公司在装修方案里都有智能家居部分，并引入了固定的运营商合作。因此，加盟智能家居运营商的体系，也是智能锁的销售渠道之一。无论是以品牌的层面合作，还是在区域市场通过商家的层面合作，智能家居运营商都是一个好的渠道。

当然，智能锁的销售渠道很多，包括线上和线下（超市、建材市场等）各种销售平台，以及专业门锁维修服务点等。

第5章

"令之以文,齐之以武"的战略控制

卒未亲附而罚之，则不服，不服则难用也；卒已亲附而罚不行，则不可用也。故令之以文，齐之以武，是谓必取。

——《孙子兵法·行军篇》

是故智者之虑，必杂于利害。杂于利，而务可信也；杂于害，而患可解也。

——《孙子兵法·九变篇》

齐勇若一，政之道也；刚柔皆得，地之理也。故善用兵者，携手若使一人，不得已也。

——《孙子兵法·九地篇》

5.1 令之以文，齐之以武：战略控制的总原则

为了顺利实现战略目标，必须使我们的战略行动不偏离战略目标，那么，如何使组织（无论是国家还是一个公司）的全体成员的战略行动保持一致呢？

孙子曰："卒未亲附而罚之，则不服，不服则难用也；卒已亲附而罚不行，则不可用也。故令之以文，齐之以武，是谓必取。令素行以教其民，则民服；令不素行以教其民，则民不服。令素行者，与众相得也。（《孙子兵法·行军篇》）"

孙子认为，士卒还未亲附就实施处罚，士卒就必然不服，不服气的话，就难以使用。士卒已经归附，如果不严格执行军纪军法的话，那么，这样的士卒就不能用来作战。所以，要以政治、教令教育士卒，要以军纪、军法来统一行动，步调一致，则必能受到士卒的拥戴与敬畏，打仗一定能够取得胜利。平时认真执行法令并用法令教育士卒，士卒就会在行动中遵纪守法、服从命令、听从指挥。军纪军令的顺利贯彻执行，需要军队统帅与士卒关系融洽。

在商业组织中，对于新入职的员工，要加强以公司价值观为核心的公司文化和公司各种规范制度的教育。如果新入职的员工还没有完全理解和认同公司价值观、经营理念，却违反了公司制度，应该以批评教育为主，不要轻易地实施开除、扣罚工资等处罚措施；而对于已经完全接受了公司文化与制度的老员工，如果违反公司规章制度的话，要严格按照公司制度执行，否则，员工就会明知故犯。

因此，要在平时不断加强全体员工对公司文化的学习，落实公司规章制度的贯彻执行，以共同价值观、共同目标来提高、强化公司凝聚力，从制度上规范全体员工行为，保持全体员工在战略上的行动一致性。

令之以文，对于公司而言，就是公司共同价值观的培育、建设，以共同价值观和共同目标凝聚全体员工；齐之以武，就是公司的制度建设，以制度规范全体员工的行为，协调统一员工的战略行动。

因此，战略控制的总原则是从文化建设（主要是共同价值观的培育）与制度建设两个方面进行控制。

5.2 智者之虑，必杂于利害：风险控制

1. 利害兼顾，趋利避害

孙子曰："凡用兵之法，将受命于君，合军聚众，交和而舍，莫难于军争。军争之难者，以迂为直，以患为利。（《孙子兵法·军争

篇》）"

打仗的基本方法是，将领接受国王的命令，集结军队或聚集民众，组编军队，开赴战场，与敌军对垒，最难的也是最重要的就是"军争"，即"争夺主动权"。而"争夺主动权"最困难的是"把迂回弯曲的道路走出直接路径的速度，把祸患、不利的因素变成有利的因素"，从而抢先到达战场、占据有利位置，夺得战略战术上的主动权，赢得胜利。

走迂回弯曲的路径，又想先到达战场，存在两个最基本的困难与风险：第一是，要想走得快，就得轻装前进，但粮草辎重就得丢弃，没有了粮草，即便先到达，也只能等着失败。第二是，走得太快，会有大量士卒掉队。

战争一旦爆发，发展态势变幻莫测，无时无刻不存在风险。孙子在《军争篇》《九变篇》《行军篇》《地形篇》《九地篇》等多个篇章中，指出了战争风险和应对策略。

孙子曰："**是故智者之虑，必杂于利害。杂于利，而务可信也；杂于害，而患可解也。（《孙子兵法·九变篇》）**"

孙子认为，智者考虑问题必须从利害两方面着手。考虑利的一面，事情、事业才能发展；考虑害的一面，方能防患于未然或转危为安。

凡事都有利有弊。曹操曰：在利思害，在害思利，当难行权也。聪明睿智的将领在考虑问题时，总是兼顾"利"和"害"两个方面。在有利情况下考虑到不利的方面，事情就可以顺利进行；在不利情况下考虑到有利的方面，祸患就可以避免。在遇到困难或处于困境时，要懂得变通，善于变通。

在战略决策时，要从利、弊两个方面评估战略方案，以期对风险进行有效防范与控制。在战略行动上，要灵活善变，规避风险，转危为机，趋利避害。

2. 君主对战争的指挥风险

在春秋前期，诸侯国的国君往往亲自率军出征，不但亲自指挥作战，还亲自参加战斗。但到了春秋末期，国君往往不亲自率军出征了，而是授命于专职的将军，即"拜将授命"。国君把一把斧子，古代叫钺，授予将军，说："无天于上，无地于下，无敌于前，无君于后"，就是说，授权于率军打仗的将军，全权指挥，不受节制。

军事案例

守江口书生拜大将[一]

孙权听从阚泽，拟任用陆逊为大都督，陆逊奉召而至，参拜毕，权曰："今蜀兵临境，孤特命卿总督军马，以破刘备。"逊曰："江东文武，皆大王故旧之臣；臣年幼无才，安能制之？"权曰："阚德润以全家保卿，孤亦素知卿才。今拜卿为大都督，卿勿推辞。"逊曰："倘文武不服，何如？"权取所佩剑与之曰："如有不听号令者，先斩后奏。"逊曰："荷蒙重托，敢不拜命；但乞大王于来日会聚众官，

[一] 节选自《三国演义》第83回。

然后赐臣。"阚泽曰:"古之命将,必筑坛会众,赐白旄黄钺、印绶兵符,然后威行令肃。今大王宜遵此礼,择日筑坛,拜伯言为大都督,假节钺,则众人自无不服矣。"权从之,命人连夜筑坛完备,大会百官,请陆逊登坛,拜为大都督、右护军镇西将军,进封娄侯,赐以宝剑印绶,令掌六郡八十一州兼荆楚诸路军马。吴王嘱之曰:"阃以内,孤主之;阃以外,将军制之。"

拜将授命,最为重要的是充分授权,就是孙子所说的"君命有所不受。(《孙子兵法·九变篇》)"孙子认为,如果国君既不亲自率兵、亲临前线,又不对率兵的将军进行授权,而处处牵制、干涉,发布命令,则存在盲目指挥的风险。

孙子在《谋攻篇》中说:故君之所以患于军者三:

(1)**不知军之不可以进而谓之进,不知军之不可以退而谓之退,是谓"縻军"**①。即国王不懂军事谋略与战场上的实际情况,而随意指挥军队或进攻、或后退,使军队行动受到严重束缚,不能根据情况相机取胜,是束缚军队。

(2)**不知三军之事,而同**②**三军之政者,则军士惑矣**。即国王不懂得军队建设管理,而参与、干涉军队的行政事务管理,使军队将士困惑,造成军队混乱。此是迷惑军队。

---

① 縻军,即束缚军队,使军队不能根据情况相机而动。
② 同,乃参与、干涉。

（3）不知三军之权①，而同三军之任②，则军士疑矣。即不懂得打仗的战略智慧和权谋之变，而随意兼任军队指挥重任，则将造成军队将士疑虑、疑惑。

孙子曰："三军既惑且疑，则诸侯之难至矣，是谓'乱军引胜'③。（《孙子兵法·谋攻篇》）"即如果军队将士疑惑、行动受到束缚，就不能根据实际情况随机应变，这时，如果其他诸侯国趁机前来攻击，那么，我们的军队就有可能不打自乱，自取失败。

对于公司而言，由于不了解一线实际情况，或对于具体业务不懂的高层管理者的盲目指挥所造成的失误或损失常有发生。因此，公司应该选拔有能力、胜任的人出任一线经理，并给予合理授权，不随意干预。

/ 商业案例

让听到炮声的人做决策④

任正非说："谁来呼唤炮火，应该让听得见炮声的人来决策。""而我们现在恰好相反。机关不了解前线，但拥有太多的权力与资源，为了控制运营风险，设置了许多流程控制点，而且不愿意授权；降低运行效率，增加运作成本，滋生了官僚主义及教条主义。2008 年，公

---

① 权是指权谋、权变；即不懂得作战权谋之道。
② 任是指职任或指挥。
③ 乱军，自乱其军；引胜，失去胜利；由于自乱而失去胜利。
④ 任正非，让听得见炮声的人来决策，中国企业家，2009 年第 7 期第 40-42 页。

司提出将指挥所放到听得到炮响的地方去，已经有了变化，计划预算开始以地区部、产品线为基础，已经迈出可喜的一步。就是要把决策权根据授权规则授给一线团队，后方起保障作用。这样我们的流程梳理和优化要倒过来做，就是以需求确定目的，以目的驱使保证，一切为前线着想，就会共同努力控制有效流程点的设置。"

3. 任用将领的风险控制

孙子提出优秀的将领应该具备五个方面的素质，即"智、信、仁、勇、严也。"但在战争中，需要各层级众多将领带领士卒赢得战役、战斗的胜利；而很多将领并非"五德"具备，常常存在着一些缺点或不足，不能够完成任务，造成失败甚至输掉整个战争。因此，孙子特别指出，若将领具有五个方面的缺点，在任用时，要特别注意。

孙子曰："**故将有五危：必死，可杀也；必生，可虏也；忿速，可侮也；廉洁，可辱也；爱民，可烦也。凡此五者，将之过也，用兵之灾也。覆军杀将，必以五危，不可不察也。**（《孙子兵法·九变篇》）"

孙子所说的将领常见的五个方面的缺点为：

（1）"必死，可杀也"即有勇无谋，只知道蛮干，一味死拼，容易为敌人所诱杀。

（2）"必生，可虏也"即贪生怕死，容易为敌人所俘虏，而投降敌人。

（3）"忿速，可侮也"即急躁易怒，容易因为敌人的羞辱、轻慢而丧失理智，草率决策、轻易进攻，为敌人所杀或所俘。

（4）"廉洁，可辱也"此谓矜于廉洁之名，太爱面子，自尊心太强，常常自以为是，容易为敌人羞辱而激怒，进而丧失理智，盲动而败。

（5）"爱民，可烦也" 此谓过分看重民众眼前利益而束手束脚，丧失战略时机，导致失败。

贾林曰：此五种之人，不可任为大将，用兵必败也。㊀

将领的这五项致命弱点是率军打仗的灾害，是导致军队覆灭、将领被杀的主要原因。所以，任命将领要慎重研究其性格特征，是否存在这五方面的潜在危险，认真对待。若两军对垒，要认真研究敌军将领的这五项弱点，对症下药，战胜敌军。而作为将领，也要深刻地认识到自己的致命缺点，坚决改正。

企业在任用高层管理者时，不能只是关注业务能力，也要特别注意拟选拔的领导干部的性格缺陷；对于已经处于高层管理岗位的经理，若存在性格缺陷，要经常敦促其克服，对于难以克服者，要分析其性格是否与任职岗位匹配，若不匹配，应及时调整岗位，以避免由于高层管理岗位任职人的性格缺陷给公司造成重大损失。

所以，总经理和企业高层管理者要特别注意培养、开发自己的战略性情绪智力，在竞争与发展的大事面前，保持理性决策与理智行动。

㊀ 【春秋】孙武撰，曹操等注，杨丙安校理．十一家注孙子，北京：中华书局，2012年版第160页．

4. 人员配置与管理风险控制

孙子曰：**"故兵有走者，有驰者，有陷者，有崩者，有乱者，有北者。凡此六者，非天之灾，将之过也。（《孙子兵法·地形篇》）"**

孙子说，打仗失败有"走、驰、陷、崩、乱、北"六种情况。这六种失败，不是天时地理的灾害所造成的，而是由于将领的过错造成的。

（1）夫势均，以一击十，曰走

势均，是指敌我双方在地理地势上的条件相当。在地理地势相同的情况下，如果"以一击十"，则必然失败，而溃逃，叫作"走"。走是逃跑的意思。此言一触即败，望风而逃之军。

《孙子兵法》讲的是以多胜少，即多算胜。如果公司总经理在面对激烈的市场竞争，在政策、政治、经济与金融、资源等营商环境相同的情况下，也没有其他独特资源优势，在毫无胜算的情况下，就贸然与竞争实力强于自己十倍的市场领先者进行竞争，则必然是一触即败。

多算胜，少算不胜，而况于无算乎！

（2）卒强吏弱，曰弛

吏是将军之下的中下级军官。如果"士卒强悍，军官懦弱"，士卒不听从军官的指挥，松懈散漫，从而导致失败的，叫作"弛"。

在企业中，如果部门经理的能力很弱，而下属员工的能力很强的话，部门经理对下属也无法实施有效管理，必然出现组织涣散、管理松弛的现象。所以，在选拔业务部门经理时，一定要选拔业务能力过硬、管理能力强、品质优秀的人任职；如果仅仅是业务能力强，而管理能力弱、人品差的人任职部门经理，也难以统御能力强悍的下属团队。

（3）吏强卒弱，曰陷

军官本领高强，士卒怯弱，与敌人作战时，军官奋勇向前，士卒怯弱不能跟进，导致军官孤身奋战，独力难支，将亡兵败，叫作陷。即为士卒所陷，王皙注曰"为下所陷"。

部门经理的能力很强，但下属员工素质低、能力弱；部门经理在强手如林的市场竞争中斗智斗勇，奋力获得业务订单，交给部门下属按时完成业务订单，由于下属庸劣无能，没有保质、保量地按时完成业务订单，最终导致严重赔付、失去客户等严重损失。即使部门经理个人能力超强、志存高远，若无能力良好、团结一心的下属支持，也难以成就事业，难以提升部门业务竞争力。

（4）大吏怒而不服，遇敌怼而自战，将不知其能，曰崩

大吏，小将也；指中上层军官。中上层军官遇敌愤怒，不听主将指挥，遇到敌人擅自率军出战，主将既不了解他的能力，又没有加以控制，从而导致失败的，叫作"崩"，既崩溃之军。

公司部门经理即相当于"大吏"。作为公司总经理，手下必须有得心应手的左膀右臂或四梁八柱的部门经理或业务骨干。总经理对各

部门经理的能力必须了如指掌，部门经理也必须能够及时领会总经理的战略意图并能够不折不扣地贯彻执行。若部门经理对总经理产生不满情绪，违背总经理的战略意图和公司规章制度，擅自行动，自行其是，总经理又没能及时加以控制，则难免导致公司组织崩溃，四分五裂。

（5）将弱不严，教道不明，吏卒无常，陈兵纵横，曰乱

主将软弱而又缺乏威严，平时对士卒不严格训练、不认真教化，治军没有章法，士卒无章法遵循，布阵杂乱无章，未战而自乱阵脚，从而导致失败的，叫作"乱"。

孙子曰：**"将者，智、信、仁、勇、严也。（《孙子兵法·计篇》）"** 严，是说将领要严格要求自己，严格管理，严格要求下属，要有威信、威严。在企业中，总经理和高层管理者要严格管理，严格要求自己，在下属中树立自己的威信、威严；要制定公司各项规范与管理制度，落实管理制度的贯彻执行，使员工在公司工作中井然有序，以饱满的精神状态，兢兢业业、高效率、高质量地完成工作任务，促进公司发展。

（6）将不能料敌，以少合众，以弱击强，兵无选锋，曰北

主将不能正确判断敌情，反而以少击多，以弱击强；作战时，又没有精锐之师为先锋骨干，从而导致失败的，叫作"北"，即败北。

面对复杂多变的商业竞争环境，公司要建立完善的"知彼知己，知天知地"的战略情报网，公司总经理要具有战略智慧，能够客观准确地分析战略情报，正确判断竞争态势与发展趋势，对于竞争激烈的

项目或市场，不可轻率投资，不可盲目行动。

孙子曰："凡此六者，败之道也；将之至任，不可不察也。（《孙子兵法·地形篇》）"

导致以上六种失败的原因，是将领的重大责任，不能不认真研究。

引用到商业竞争，公司总经理等高层管理者要认真对待以上六种失败的风险防控。要重视公司的各项制度建设与人力资源管理，重视员工业务能力的培训、规章制度的贯彻执行；选拔任用能力强、品德好、作风硬朗的人才为中层管理干部，建设高效合理的组织结构；塑造"上下同欲"的企业文化，审慎对待在战略行动中有可能出现的各种风险，防患于未然。

5. 联盟与合作的风险控制、渠道控制

孙子曰："故不知诸侯之谋者，不能豫交；不知山林、险阻、沮泽之形者，不能行军；不用乡导者，不能得地利。（《孙子兵法·军争篇》）"曹操曰：不知敌情谋者，不能结交也。梅尧臣曰：不知敌国之谋，则不能预交邻国以为援助也。张预曰：先知诸侯之实情，然后可与结交；不知其谋，则恐翻覆为患。

如果不了解其他诸侯的战略企图或战略动机，就不能与之结交。不知道，也不善于在山林、险阻、沼泽地带行走的话，就不能选择那种行军路线。一定要利用向导，才能够得地利。

在商业上，要认真分析战略联盟方的动机与真实意图，避免坠入

以联盟为由的商业陷阱或违背我们自己的战略目标。要掌控采购与销售渠道，避免渠道不畅给公司运营造成风险。

6. 过程风险控制

孙子曰："**故用兵之法，高陵勿向，背丘勿逆**⊖**，佯北勿从，锐卒勿攻，饵兵勿食，归师勿遏**⊜**，围师必阙**⊜**，穷寇勿追。此用兵之法也。（《孙子兵法·军争篇》）**"

孙子说的这句话，其实就是以下八项原则：

第一，高陵勿向。不要仰攻占据高山的敌人。应当把敌人引下山来，再进行攻击。

第二，背丘勿逆。不要直接迎击背靠山丘的敌人。敌从高处而来，不可逆迎。应当把敌人引到平地，再攻击敌人。

第三，佯北勿从。不要追击假装失败的敌人。

第四，锐卒勿攻。不要擅自攻击敌人的精锐，也不要攻击士气正旺、锋芒正锐的敌人。等到敌人锐气衰弱后，再攻击。齐鲁长勺之战，齐人一鼓，鲁公将战，曹刿曰：未可。齐人三鼓，曹刿曰：可矣。乃战。是"避其精锐之气，击其懈惰衰竭之时"。

第五，饵兵勿食。不要追击、歼灭充当诱饵的小股敌人，避免遭

⊖ "逆"作"迎"，义通。
⊜ "遏"即阻止，遏止。
⊜ "阙"即缺口，逃生之路。

遇埋伏。

第六，归师勿遏。不要阻拦退回本国的敌人。

第七，围师必阙。要给被我们包围的敌人留出一个逃跑的缺口。

第八，穷寇勿迫。不要追击已经陷入绝境的敌人。避免"困兽犹斗"，造成更大伤亡。

这八项原则有哪些可以对商业竞争起到借鉴作用呢？

一般来说，我们应该尽量避免残酷的竞争，所以，我们应该避免向占据高度优势、市场优势的领先者发起同质化产品或相同领域的竞争。因为我们处于低端，没有技术实力和市场争夺实力。同样，我们也不要与具有一定的技术与市场优势的、依托领先者的企业进行逆势竞争，因为逆势竞争成本太高。也不要与同一层面的竞争实力超过我们、发展势头正旺的公司发生直接的价格竞争。不宜逆势竞争和直接竞争的图示如图 5-1 所示。

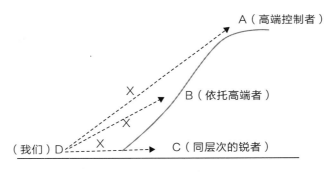

图 5-1　不宜逆势竞争和直接竞争的图示

7. 速度的风险控制

孙子曰："军争为利，军争为危。举军而争利，则不及；委㈠军而争利，则辎重捐。是故卷甲而趋，日夜不处，倍道兼行，百里而争利，则擒三将军；劲者先，疲者后，其法十一而至，五十里而争利，则蹶㈡上将军，其法半至；三十里而争利，则三分之二至。是故无辎重则亡，无粮食则亡，无委积则亡。（《孙子兵法·军争篇》）"

孙子认为，争夺战场上的主动权，既有利也有危险。如果全军携带全部辎重，奔袭战场去争夺先到战场的主动权，则全军行动迟缓而到达不了。如果舍弃辎重而轻装奔袭，则辎重损失。如果轻装上阵，日夜奔袭，若奔袭百里，而争夺先到战场之利的话，那么，三军将领都有可能为敌人所擒！精壮的士卒跑到前边，瘦弱的士卒远远地落在后边，结果也只有十分之一的人能先到达。这么少的士卒即使是先到达了战场，也发挥不了作用，也就不能夺得战场的主动权。

如果放弃辎重，轻装奔袭五十里而争夺战场主动权的话，则前军的将领可能受到挫败。结果是，一半人员可能抢先到达战场。如果放弃辎重，奔袭三十里而争利的话，大概三分之二的人员可以按时到达。然而，没有辎重，没有粮草，没有战备物资，则军队就必然会灭亡。而事实上，为了争夺战场上的主动权而日夜奔跑，则会造成大量作战士卒掉队，从而造成因无作战士卒而失败。所以，还应加上"无士卒

㈠ "委"即抛弃、丢失。
㈡ "蹶"即挫败。

则亡"。

快速发展的企业也要控制发展速度,避免因速度太快而带来"四无而亡"的风险。

对于企业而言,在竞争与发展中,第一重要的是资金,资金就是企业生存与发展的粮草;第二是原材料,原材料供应是企业生存的基础,包括主要原材料和辅助原材料等,原材料类似于"委积";第三是物流渠道。"辎"和"重"本来都是指辎车和重车。战车是马车,辎重车是牛车,用来运送军需、武器等;第四是人力资源。

 商业案例

激情燃尽野太阳:亚细亚商贸集团

1988年秋,从部队退役的王遂舟接受投资人晋野的邀请,创办商场。1989年5月6日,郑州亚细亚商场正式开业。由于富于商业文化的创新和具有特色的经营,亚细亚发展迅速,社会影响极好。商业上的快速成功,使得王遂舟想要以更快的速度发展,实现全国连锁经营。1993年,在王遂舟的主持下,亚细亚制定了1994—2000年发展规划。店堂总数的具体目标是,营业面积2万平方米以上的大型商场超过25家;5000平方米以上的中型商场超过100家;2000—5000平方米的中小型商场超过500家。每个省会城市开10家店,基本上形成一个庞大的零售商业网,在全国星罗棋布,遍地开花。另外还有房地产业的目标和实业开发的目标等。如此快速推进,资金与人力资源跟不上发展,特别是缺少中层与基层管理人员,大量的银行贷款还不

上，大量拖欠供应商货款、员工工资，预期的经营业绩难以达到。终于，激情燃尽，野太阳消失。㊀

5.3 兵贵胜，不贵久：质量、效率与成本控制

1. 战争成本

孙子曰："凡用兵之法，驰车千驷，革车千乘，带甲十万，千里馈粮，则内外之费，宾客之用，胶漆之材，车甲之奉，日费千金，然后十万之师举矣。（《孙子兵法·作战篇》）"

孙子指出，战争成本是非常高昂的！孙子在《用间篇》中再次提到战争成本。

孙子曰："凡兴师十万，出征千里，百姓之费，公家之奉，日费千金；内外骚动，怠于道路，不得操事者七十万家。（《孙子兵法·用间篇》）"

出兵十万，出征千里，百姓的耗费，国家的开支，每天要花费千金，全国上下动荡不安，民众服徭役，疲惫于道路，不能安心从事耕作的多达70多万家。

战争的成本是巨大的，对于企业而言，竞争成本也很高，特别是打价格战的成本是非常巨大的。

㊀ 吴晓波著.大败局，杭州：浙江人民出版社，2007版第241-260页。

2. 速胜：速度与成本的控制

孙子曰："其用战也胜㊀，久则钝兵挫锐，攻城则力屈，久暴师㊁则国用不足，夫钝兵挫锐，屈力殚货㊂，则诸侯乘其弊而起，虽有智者，不能善其后矣。故兵闻拙速㊃，未睹巧之久也㊄。……故兵贵胜，不贵久。（《孙子兵法·作战篇》）"

战争成本非常高，资源耗费巨大，如果战争拖得过久而不结束，国力衰竭，其他诸侯国趁机入侵，则有亡国之危险。一旦到国力衰竭，有其他诸侯乘人之危而入侵时，即使有睿智高明的人，也难以拯救危局！所以，孙子说："故兵闻拙速，未睹巧之久也。"意思是说，只听说过用兵即使方法笨拙也注重速战速决，没有见过方法巧妙的却要长久作战。所以，打仗一定要争取"速战速决"。战必胜！而且是速胜！

面对关键的竞争，以速度（效率）为前提，成本次之。尽快取得胜利，以避免陷入长期竞争的困境或承担更大的竞争成本。

3. 全胜：速度、成本与质量的控制

（1）百战百胜，非善之善者也。只要战，就会发生作战成本，尽管都以胜利结束，但"战而胜"与"不战而胜"相比，依然不是最

㊀ 打仗要做到有把握取胜。
㊁ 暴师，陈师于野。
㊂ 殚，尽也，殚货，物资耗尽。
㊃ 拙速，虽拙笨但速度快。
㊄ 巧之久，虽巧智但持久。

好的战略。

（2）不战而屈人之兵，善之善者也。不战，作战成本相对而言是最低的，是最完美的胜利。

孙子曰："**故善用兵者，屈人之兵而非战也，拔人之城而非攻也，毁人之国而非久也，必以全争于天下。故兵不顿而利可全，此谋攻之法也。**（《孙子兵法·谋攻篇》）"

在商业竞争中，企业也应最大可能地使竞争成本最小化。

孙子曰："**故上兵伐谋，其次伐交，其次伐兵，其下攻城。攻城之法为不得已。修橹轒辒，具器械，三月而后成，距闉，又三月而后已。将不胜其忿而蚁附之，杀士三分之一而城不拔者，此攻城之灾也。**（《孙子兵法·谋攻篇》）"

所以，要最大限度地降低战争成本：

第一，在没有战争或刚刚出现战争端倪时，采取"伐谋"策略，防患于未然或将战争消灭于萌芽之中。这是最为高明的战略，战争成本最小，质量最高。

第二，伐谋无效，战争一触即发，采取"伐交"策略，在做好充分准备会战的同时，通过外交手段，尽最大努力避免发生军事战争。

第三，伐交无效，战争爆发，采取"伐兵"策略，以正合，以奇胜，避实击虚，以镒称铢，以最小的成本实现胜利。

第四，不得已而攻城。在质量与速度许可的情况下，尽量控制成本。

在商业竞争中，既要考虑效率，要考虑成本和质量。在能够保证质量和产品交期的前提下，尽可能地降低成本；如果在竞争中，质量与交期是赢得竞争的关键,那么,要坚决保证质量与交期,而不可过分计较成本,当然,成本也要控制在必须控制的范围以内。

5.4 深涧不能窥,智者不能谋:情报安全控制

1. 先知与全知:情报准确、及时、全面

战场的状况瞬息万变,及时准确地掌握敌我和环境的情报对于赢得战争的胜利是非常重要的。

孙子曰:"**故知战之地,知战之日,则可千里而会战;不知战地,不知战日,则左不能救右,右不能救左,前不能救后,后不能救前,而况远者数十里、近者数里乎?(《孙子兵法·虚实篇》)**"

如果对战争、敌人的情报了若指掌,我们就能把握战争。否则,就会陷入困境。因此,我们要时刻做到"知彼知己,知天知地"。而让敌人不知道我们的真实情况,同时也不知道天地的状况。

战略情报的准确、及时、全面,是赢得竞争最为基本的保障条件;"先知"与"全知"是战略决策与战略行动的基础,公司必须高度重视和不惜投资。

2. 情报安全、保密

(1)对竞争策略保守秘密

孙子曰:"将军之事,静以幽,正以治。能愚士卒之耳目,使

之无知。易其事，革其谋，使人无识；易其居，迂其途，使人不得虑。（《孙子兵法·九地篇》）"

为了严格保守军事行动的秘密，所以，统率军队作战，要沉着镇静、幽密深邃，管理部队要公正严明、条理清晰。要能蒙蔽士卒的视听，使他们对军事计划、军事行动毫无所知；作战部署与行动要经常变化，让士卒无法识破真相；经常改变驻地，故意迂回行进，让士卒难以推测真实的行动意图。

李筌曰：为谋未熟，不欲令士卒知之，可以乐成，不可与谋始。是以先愚其耳目，使无见知。杜牧曰：言使军士非将军之令，其他皆不知，如聋如瞽也。张预曰：士卒懵然无所闻见，但从命而已。[一]

对于商业竞争，公司的商业策略或总裁的计划，只宜告诉那些必须知道的人，不宜传达给公司所有员工。历史的经验教训告诉我们：一个重要的决策足以使一个公司成功，也可以毁掉一个公司。因此，决策要保密！

（2）采取严密的安全措施

孙子曰："是故政举之日，夷关折符，无通其使，厉于廊庙之上，以诛其事。敌人开阖，必亟入之。先其所爱，微与之期。践墨随敌，以决战事。是故始如处女，敌人开户，后如脱兔，敌不及拒。（《孙

[一] 【春秋】孙武撰，曹操等注，杨丙安校理. 十一家注孙子，北京：中华书局，2012年版第224-225页。

子兵法·九地篇》）"

决定战争行动时，就立即封锁关口，废除通行凭证，停止与敌国的使者往来；在庙堂上认真分析、谨慎谋划，做出战略决策，制订战争计划，做好战争行动准备。当敌人一旦出现可乘之隙，就要迅速乘机攻入。首先夺取敌人的战略要地，但不要与敌人约期决战。破除陈规，因敌变化而变化，灵活机动地决定自己的作战行动，不放过任何取胜的战略机会。因此，战争开始之前，要像处女那样沉静，诱使敌人放松戒备，暴露弱点；战争开展之后，要像脱逃的野兔一样迅猛行动，突然发动攻击，使敌人措手不及，无暇抵抗。

这段话中，孙子强调，一旦决定采取战争行动，就要极为严格地保守有关战争谋划、战争行动的秘密。只有这样，才能够确保战争行动取得成功，赢得胜利。

对商业公司而言，公司的核心技术、商业机密等战略情报，从往来宾客到一般员工以及家属，都要有严格的情报保密措施。

（3）惩罚性威慑力量

为获取情报，我有间谍在敌，敌也有间谍在我。若发现有窃取我情报的间谍，或我方人员泄露我方机密者，要立即严惩，以形成对窃取我方情报的间谍、泄露我方情报的我方人员的威慑力。

对于泄露公司商业机密的员工，要给予严惩，包括立即开除，以及必要时提起诉讼。

（4）造成敌人无法预见

孙子曰："**运兵计谋，为不可测。（《孙子兵法·九地篇》）**"即我方的兵力部署、作战谋略，要绝对保密，使敌人无法窥视、无法得知。

孙子曰："**故善攻者，敌不知其所守；善守者，敌不知其所攻。微乎微乎，至于无形。神乎神乎，至于无声，故能为敌之司命。（《孙子兵法·虚实篇》）**"

善于进攻者，一定会进攻敌人防备最空虚的地方；善于防守者，敌人不知道该进攻什么地方。微乎微乎，无影无形；神乎神乎，无踪无声。按照注释家所说，孙子在此论述虚实之法至于神微，我之实，使敌人视之为虚；我之虚，使敌人视之为实；而敌之实，我能够使之变成虚；敌之虚，我能够知道其不是实；即让敌人不知道我们的虚实；而我不仅知道敌人的虚实，还能够调动、转换敌人的虚实。所以，我们能够避实击虚，即"避其坚，而攻其脆，捣其虚。"若能够做到这一点，就能够主宰敌人的命运。

孙子曰："**故形兵之极，至于无形。无形，则深涧不能窥，智者不能谋。（《孙子兵法·虚实篇》）**"

兵力部署、兵力调整、兵力调动等军事行动，要灵活机动、变幻莫测，使敌人无法判断我们的真实部署与变化。所谓无形，就是我们的兵力部署以及变动的保密程度要确实达到：隐藏在我军内部的敌人间谍也不能窥视到，敌军再高明的将领也不能谋划，也一筹莫展，这样才算是真正做到了对敌人的"无形"。根据敌人的虚实状况，我军采取灵活机动的战略战术而取得胜利，即使把胜利摆在众人面前，众人依然不知道我们胜利的奥妙之处。人们只是知道我们战胜敌人的实力，但不知道如何取胜的战略战术。所以，每次战胜敌人的战略战术都不一样，而是根据敌人的兵力部署及战场环境的变化而变化无穷。

商业竞争是长期持续的，企业的生存与发展一直都处于竞争状态，因此，企业战略情报的保密既是需要日常时刻高度重视，也是需要长期高度重视的战略性工作。但现实中，许多企业对信息安全并没有给予足够的重视。《CTO企业信息安全调查报告》显示，超过90%的企业完全或高度依靠互联网开展业务，超过45%的企业在过去三年曾发生过不同量级的信息安全事故。而与此相对的是1/4的企业没有信息安全团队，1/3的企业没有信息安全预算。[一]

在互联网、大数据技术背景下，企业数据、信息安全管理更加重要，不法分子为了篡改企业数据信息，或者盗取企业机密文件，运用专业的破译手段入侵企业网络，严重威胁到了企业的信息安全。大数据技术为企业带来便利的同时，也伴随着相应的风险。绝大多数企业都选择通过互联网和信息系统等方式获取和存储信息，但由于相关技术及制度的缺陷和漏洞，存储的信息有可能被他人故意泄露或盗取。而这些信息一旦被企业的竞争对手掌握，则有可能对该企业造成巨大的损失。因此，信息安全管理是企业必须予以高度重视的战略性问题。

[一] CTO 企业信息安全调查报告 (https://www.aqniu.com/vendor/11448.html#_Toc434230071)。

5.5 勇者不得独进，怯者不得独退：士卒心理与行为控制

1. 组织建设与指挥管理

孙子曰：**"纷纷纭纭，斗乱而不可乱也；浑浑沌沌，形圆而不可败也。乱生于治，怯生于勇，弱生于强。治乱，数也。（《孙子兵法·势篇》）"**

"纷纷纭纭，斗乱而不可乱也"是说，率军打仗的将领，在混战的战场上，要指挥若定；使我方形阵不混乱。"浑浑沌沌，形圆而不可败也"是说，在混战的战场，要结为圆形战阵以立于不败之地。两军混战，乱的一方是由于对方治理有序；胆怯的一方是由于对方勇敢；柔弱的一方是由于对方强硬。治或乱，数也，数乃分数是也。就是说，混战中，敌我双方谁是"治"，谁是"乱"，在于各自的部队建制是否合理、管理制度是否完善。

对于企业，管理者在设计组织结构时，需要注意六个关键因素：工作专业化（专门化）、部门化、指挥链、管理幅度、集权与分权、正规化。㊀如表 5-1 所示。

㊀ 斯蒂芬·罗宾斯等著，孙建敏等译. 组织行为学（第 16 版），北京：中国人民大学出版社，2016 年版第 382 页。

表 5-1　设计组织结构需要回答的六个关键问题

关键问题	能够解答的因素
1. 任务应该分解细化到什么程度？	工作专业化（专门化）
2. 对工作进行分组（分工）的基础是什么？	部门化
3. 员工个体和群体向谁汇报工作？	指挥链
4. 一位管理者可以有效率、有效果地指挥多少下属员工？	管理幅度
5. 决策权应该放在哪一级？	集权与分权
6. 规章制度在多大程度上指导员工和管理者的行为？	正规化

与公司战略匹配的组织结构和完善的管理制度，能够有效地控制员工行为。组织结构服从于战略，当公司战略改变后，公司的组织结构也要跟随战略的改变而进行相应的调整，以适应公司战略。

2. 指挥信号

"《军政》曰：'言不相闻，故为金鼓；视不相见，故为旌旗。'夫金鼓旌旗者，所以一人之耳目也；人既专一，则勇者不得独进，怯者不得独退，此用兵之法也。（《孙子兵法·军争篇》）"

《军政》是在《孙子兵法》之前的古兵书，已失传。这本书说道：在战场上，即使大声喊叫，战士们也可能听不到或听不清楚，所以，要使用金和鼓。击鼓则进，鸣金收兵！在战场上，使用手势，战士们可能看不清楚，所以，要使用旌旗。意思是说，战场上，一定要使用方便战士们听得见和看得清的指挥信号，发出命令。有了明确统一的指挥信号，战士们就能够统一行动，勇敢的士卒不能擅自行动、独自冲锋，胆怯的士卒不能逃跑，将士们才能团结一心，协同作战，听从命令，服从指挥。这是打仗的基本方法。所以，晚上打仗要多安排金鼓（也有版本说是火鼓，即火把和金鼓），白天多使用旌旗，使将士听得着、看得见，方便指挥。

对于施工企业的现场管理，有时还使用旗语和哨子指挥。通常情况下，企业指挥管理是通过操作流程、各种管理制度等进行；组织员工对操作流程、管理制度的学习、理解与掌握程度，对于指挥管理效果是非常重要的，因此，一个企业，要完善各种操作流程的编制、各种管理制度的编写，要认真组织员工学习、理解和掌握。

3. 以治待乱，以静待哗

孙子曰：**"故三军可夺气，将军可夺心。是故朝气锐，昼气惰，暮气归。善用兵者，避其锐气，击其惰归，此治气者也。以治待乱，以静待哗，此治心者也。（《孙子兵法·军争篇》）"**

气，是士气；夺气，就是把敌人旺盛的士气打压下去，把战斗的士气夺过来，让我们的将士士气高昂，敌人的士气衰弱。夺心，就是动摇敌人将领的作战决心。朝、昼、暮在这里说的是：开战之最初、再次开战、三次开战。《曹刿论战》中说："夫战，勇气也。一鼓作气，再而衰，三而竭。"

"避其锐气，击其惰归"，就是在敌人士气高昂的时候，不要和敌人作战，等敌人士气衰竭后，再发起攻击！这是"治气"。

"以治待乱，以静待哗"，就是以自己的严整、治理有序对待敌人的混乱，以自己的冷静、镇定自若对待敌人的焦虑、浮躁。这是"治心"。

在工作中，要保持员工在工作中的旺盛士气和奋斗精神，从而克服困难，顺利完成工作任务。

孙子曰："**齐勇若一，政之道也；刚柔皆得，地之理也。故善用兵者，携手若使一人，不得已也。（《孙子兵法·九地篇》）**"

要使部队上下齐心协力如同一人，在于上下同欲和管理制度；要使强弱不同的士卒都能够发挥作用，在于对地形地理的充分利用；善于打仗的将领，能够使全军将士携起手来像一个人那样，是在从心理到制度以及外界客观条件所造成的不得已的情况下形成的。

对于商业组织，可通过价值观的认同、目标的一致和规范的管理制度，使员工团结一心，携手并进，共同努力，实现战略目标。

第6章

"上下同欲"的战略保障

将者,智、信、仁、勇、严也。

——《孙子兵法·计篇》

夫将者,国之辅也。辅周,则国必强;辅隙,则国必弱。

——《孙子兵法·谋攻篇》

上下同欲者胜。

——《孙子兵法·谋攻篇》

知彼知己,胜乃不殆;知天知地,胜乃不穷。

——《孙子兵法·地形篇》

6.1 将之五德：最重要的战略保障

中国管理学泰斗陈炳富先生认为：战略管理家在军队中为"将"，在企业中则为企业家。○

1. 将的重要程度

（1）将对国家安全的重要程度

孙子曰："**夫将者，国之辅也。辅周，则国必强；辅隙，则国必弱。（《孙子兵法·谋攻篇》）**"曹操曰：将周密，谋不泄也。李筌曰：辅，犹助也。将才足，则兵必强。贾林曰：国之强弱，必在于将。将辅于君而才周，其国则强；不辅于君，内怀其贰，则弱。择人授任，不可不慎。王皙曰：周，谓将贤则忠才兼备；隙，谓有所缺也。张预曰：将谋周密，则敌不能窥，故其国强；微缺则乘衅而入，故其国弱。

○ 陈炳富，杨兆力.《孙子兵法》与战略管理，南开经济研究，1993年第1期第32—37页。

孙子曰："故知兵之将，生民之司命，国家安危之主也。（《孙子兵法·作战篇》）""故进不求名，退不避罪，唯人是保，而利合于主，国之宝也。（《孙子兵法·地形篇》）"

曹操曰：将贤则国安也。李筌曰：将有杀伐之权，威欲却敌，人命所系，国家安危，在于此矣。杜牧曰：民之性命，国之安危，皆由于将也。梅尧臣曰：此言任将之重。何氏曰：将之材难，古今所患也。所谓，千军易得，一将难求。

（2）对战争胜负的重要程度

孙子曰："**故善战者，立于不败之地，而不失敌之败也。……善用兵者，修道而保法，故能为胜败之政。（《孙子兵法·形篇》）**"孙子说的善用兵者，就是指卓越的将领。只有善于打仗的将领，才能立于不败之地。

孙子曰："**故兵有走者，有弛者，有陷者，有崩者，有乱者，有北者。凡此六者，非天之灾也，将之过也。（孙子兵法·地形篇）**"孙子说，失败的军队有走、弛、陷、崩、乱、北六种，这六种失败，不是客观自然条件不好所造成的，都是将领的过失！

2. 将之"五德"

孙子曰："**将者，智、信、仁、勇、严也。（《孙子兵法·计篇》）**"梅尧臣注曰："智能发谋，信能赏罚，仁能附众，勇能果断，严能立威。"王晳注曰："智者，先见而不惑，能谋虑，通权变也。信者，号令一也。仁者，惠抚恻隐，得人心也。勇者，徇义不惧，能果毅也。严者，以威严肃众心也。五者相须，缺一不可。故曹公曰，将宜五德备也。○

(1) 智

智为首位。古今注者，均以为孙武尚智。杜牧曰："兵家者流，用智为先。盖智者，能机变，识变通也。"王晳曰："智者，先见而不惑，能谋虑，通权变也。"何氏曰："非智不可以料敌应机。"梅尧臣曰："智能发谋。"不论是将帅还是企业领导，必须要有智慧，才能以"智"取胜。现代领导者的"智"应包括："多谋，善断，善于集智"。○"智"，就是要具备广泛的知识，具有战略的头脑，科学的经营谋略。○

智慧的基础是知识。智慧是出于知识但不限于知识，严格地说，智慧对于名将而言比知识更重要，而接近于天才的境界。无论是指挥军队的将领，还是领导企业的总经理，都需要具有足够的知识为智慧的基础。

○ 【春秋】孙武撰，曹操等注，杨炳安校理.十一家注孙子，北京：中华书局，2012年版第8-9页。

○ 郭晓君.《孙子兵法》与现代领导者的素质，江西社会科学，1996年第8期第93-94页。

○ a. 邓建民.从《孙子兵法》谈企业家应具备的素质特征，化工质量，2000年第2期第11-12页；b. 路舟.将者，智、信、仁、勇、严也，企业活力，1990年第5期第26-27页。

（2）信

王皙曰："信者，号令一也。"何氏曰："非信不可以训人率下。"张预曰："信不可欺。"梅尧臣曰："信能赏罚。""信"直接关系到领导者的信誉和威望，以及实施自己诺言的能力和诚意。所以领导者不宜轻易许诺，许诺了的事就应办到。"信"即功必赏，罪必罚。一个企业家要取信于员工，就要做到说一不二，政策兑现。"信"是诚信，恪守信用，互相信赖；"信"又是威信，令行禁止。更进一步，"信"又可以理解为信念，反映了一名优秀组织者坚定的理想、执着的追求。㊀"信"，坚定事业成功的信念，具有强烈的时代责任感和敬业精神。另外，"信"还应体现在企业家应具有对消费者注重讲求信用和维护企业的良好信誉上，完善质量保证体系，提高产品质量和售后服务质量，力求产品的高度完善，向社会提供高质量的产品，最大限度地满足消费者的需求。

钮先钟认为，名将不仅要精通战争艺术，还要具有领导和组织才能。战争是一种集体性的努力，如何能够将许多人组织起来，并领导他们进行生死存亡的决斗，其首要的关键就是这个"信"字。概括地说，又可分为三点：一是自信；二是互信；三是共信。此三者又互相支持而结为一体。军人都应有自信，而阶层愈高，则自信也应愈坚定，各阶层、各单位、各个人之间都要有互信，同时全军上下又要有

㊀ 姚振文.《孙子兵法》将帅素养理论对领导者的启示，中共南京市委党校学报，2008年第4期第22-25页。

一种共信，必须如此，然后始能同生死，共患难。在整个军事组织中，主将的信心也就构成全军信心的焦点，换言之，全军都信赖主将，然后始能同心协力，争取胜利。⊖

（3）仁

王皙曰："仁者，惠抚恻隐，得人心也。"何氏曰："非仁不可以附众抚士。"杜牧曰："仁者，爱人悯物，知勤劳也。不仁，则不能与三军共饥劳之殃。"梅尧臣曰："仁能附众。"为什么军人会在主将领导之下，不惜出生入死，冒险犯难去追求共同的目标（胜利），其主因是由于内心感到他和指挥官在精神上已经是合二为一。这是一种高度的艺术，似乎是只可意会，不可言传。不过，实际上，主将又常常可以其一言一行来表达他的这种情感。

"仁"在中国传统文化中可谓独具特色。"仁者爱人"更是儒家学说的重要理念之一。领导者要使他所领导的群体有战斗力，不论是部队还是企业职工，都必须使领导者与被领导者团结友爱，以便心往一处想，劲往一处使。而这就要求领导者对部下予以关心、爱护和尊重。⊖"仁"即爱员工，对部下仁慈。"仁"，说到底就是爱，就是同情，要求将领对待士兵像对待子弟、儿女一样。"仁"，善于知人善任，任人唯贤，对员工要关心爱护。

⊖ 钮先钟.名将的将道，领导文萃，2005年第11期第79-82页。
⊖ 潘承烈.《孙子兵法》对企业商战的启迪，滨州学院学报，2006年第5期第8-20页。

（4）勇

杜牧曰："勇者，决胜乘势，不逡巡也。""勇"在兵战中是决定胜负的关键因素之一，"两强相遇勇者胜"。将帅首先必须是智勇双全的人，才能带出一支攻无不克的队伍。商战在形式上不同于兵战，但企业领导人同样要勇，才能胜任。只是这个"勇"不同于将帅的勇，而体现在有勇于面对风险并敢于承担风险和敢于拍板的胆略和魄力。市场竞争充满着风险，而市场机遇则时时伴随着风险。只有有"勇"才能当机立断，抓住机遇。所以勇于判断，勇于决策，现在更为重要。但这里强调的"勇"，不论兵战还是商战，都要以"智""谋"为基础，而不是盲目地蛮干，有勇无谋只会坏事。企业家面对一个又一个新的挑战，必须勇挑重担，敢冒风险、知难而进，做一个勇往直前的强者。㊀勇敢精神是领导者必须具备的素质，体现在一种用于决断的魄力。"勇"，就是要勇敢果断，开拓创新。

克劳塞维茨认为，勇气可分为两大类：一为肉体勇气，简言之，就是不怕死；二为精神勇气，是一种较高级的勇气。何为精神勇气？一是将军对自己的意见、计划、判断都必须有充分的信心，而不受外来的无理干扰。二是将军必须有当机立断的勇气，不可犹豫不决。三是为将者必须敢于投机，敢于冒险。四是战争考验耐力，需要具备苦撑到底的勇气。

㊀ 褚福伦.《孙子兵法》将才观对企业家的意义，人才开发，2002年第3期第29-30页。

（5）严

孙子曰："**齐勇若一，正之道也**；……**故善用兵者，携手若使一人，不得已也。**（《孙子兵法·九地篇》）"战争，若无严格的组织，则根本无法行动。王晳曰："严者，以威严肃众之心也。"何氏曰："非严不可以服强齐众。"梅尧臣曰："严能立威。""严"是保证部队步调一致的必要条件，进行现代化管理的企业同样要求严字当头，严格要求。

企业要向管理要效率，必须强调加强基础管理，而这正是要求严格管理的起点。要实行严格管理，就得落实到对人、对职工的严格要求。这既要通过培训提高人员素质，并要有相应的奖惩制度加以保证。但是更重要的还在于对领导人自身的严格要求，这是孙武对将帅素质的五个条件之一。领导人必须严于律己，只有在严格要求自己的前提下才能去严格要求别人，也只有这样才能树立自己的威信与形象。"严"是作为"仁"的补充，"严"不是不仁，而是为了追求大仁而必须选择的冷酷手段。"严"是严于职守，严于律己，严格管理。

（6）五德之间的关系

曹操曰："将宜五德备也。"杜牧曰："兵家者流，用智为先"。贾林曰："专任智则贼；偏施仁则懦；固守信则愚；恃勇力则暴；令过严则残。五者兼备，各适其用，则可为将帅。"王晳曰："智者，先见而不惑，能谋虑，通权变；信者，号令一也；仁者，惠抚恻隐，得人心也；勇者，徇义不惧，能果毅也；严者，以威严肃众心也。五者相须，阙一不可。故曹公曰，将宜五德备也。"何氏曰："非智不可以料敌应机；非信不可以训人率下；非仁不可以附众抚士；非勇不可以决谋合战；非严不可以服强齐众。全此五才，将之体也。"张预曰："智不可乱，信不可欺，仁不可暴，勇不可惧，严不可犯。五德皆备，然后可以为大将。"梅尧臣曰："智能发谋，信能赏罚，仁能附众，勇能果断，严能立威。"杜牧曰："将孰有能者，上所谓智、信、仁、勇、严也。"张预曰："察彼我之将，谁有智、信、仁、勇、严之能。"

姚振文认为，"智"者不仅能"仁"，而且也必有"勇"，"智"实为仁、勇的先决条件；"严"与"仁"相辅相成，"严"表现为一种外在的约束力，"仁"表现为一种内在的感召力，两者缺一不可。将，宜五德皆备，不可失之一偏。㊀有智而无信就是欺诈之人，智勇双全而无仁就会失去人心，仁者无智就是愚笨，仁者无勇就是懦夫，仁而无严就会丧失权威，严而不仁就是苟暴，勇而无智就是鲁莽，勇而不仁就会四面楚歌，智有余而勇不足才有诸葛亮挥泪斩马谡。㊁智是为将的基础，仁与信是为将的道德，严与勇是为将的艺术。㊂

今非昔比，面对复杂多变、以知识和信息为主要竞争要素的经济

㊀ 晁爱武.《孙子兵法》与现代企业家素质,乡镇经济,2001年第9期第27-28页。

㊁ 肖敏.《孙子兵法》的"五德"与现代管理者的综合素质,理论导刊,2007年第10期第136-138页。

㊂ 陈炳富,杨兆力.孙子兵法与战略管理,南开经济研究,1993年第1期第32-37页。

环境，五德俱备的个人实不多见，但我们可以通过共同的愿景创造五德俱备的"企业家团队"。汉初三杰萧何、张良、韩信。刘邦曰："夫运筹帷幄之中，决胜千里之外，吾不如子房；镇国家，抚百姓，给馈饷，不绝粮道，吾不如萧何；连百万之众，战必胜，攻必取，吾不如韩信。三人皆人杰，吾能用之，此吾所以取天下者也。"

6.2 上下同欲：最根本的战略保障

在《谋攻篇》中，孙子提出了五胜模型。孙子曰："**故知胜有五：知可以战与不可以战者胜；识众寡之用者胜；上下同欲者胜；以虞待不虞者胜；将能而君不御者胜。此五者，知胜之道也。**（《孙子兵法·谋攻篇》）"在孙子提出的五胜模型中，上下同欲是五胜的核心（见图6-1所示）。

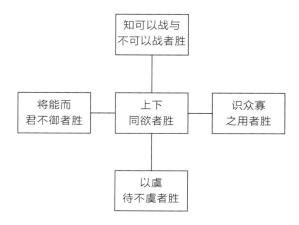

图6-1 孙子的"五胜"模型

《孙子兵法》第一篇中讲道："道者，令民与上同意也，故可以与之死，可以与之生，而不畏危。"孙子在这里说的"道"，是指让"民众与国王一条心"，就是要保持在意愿和行为上的一致性。就是我们常说的"心往一处想，劲往一处使""步调一致"，就是有共同的价值观，共同的理想、共同的愿景、共同的目标。对于公司老板，或者对于一个工作团队来说，就是让你的下属和你一条心；战略思想、意志、战略目标和战略行为能够保持高度一致。如果你的下属与你能够在战略上保持一致，就能够实现战略目标！

怎样才能做到"上下同欲"，在战略行动上保持一致呢？我们来看看下边两个案例。

/ 军事案例

鲁子敬力排众议⊖

背景：建安十三年（公元208年7月），曹操率大军南下荆州，荆州刘琮望风而降，刘备溃退江夏，号称率百万雄师的曹操，直逼江东孙权，孙权是降曹还是抗曹？

权正聚文武于堂上议事，闻鲁肃回，急召入问曰："子敬往江夏，体探虚实若何？"肃曰："已知其略，尚容徐禀。"权将曹操檄文示肃曰："操昨遣使赍文至此，孤先发遣来使，现今会众商议未定。"肃接檄文观看。其略曰："孤近承帝命，奉词伐罪。旌麾南指，刘琮

⊖ 节选自《三国演义》第43回。

束手；荆襄之民，望风归顺。今统雄兵百万，上将千员，欲与将军会猎于江夏，共伐刘备，同分土地，永结盟好。幸勿观望，速赐回音。"鲁肃看毕曰："主公尊意若何？"权曰："未有定论。"张昭曰："曹操拥百万之众，借天子之名，以征四方，拒之不顺。且主公大势可以拒操者，长江也。今操既得荆州，长江之险，已与我共之矣，势不可敌。以愚之计，不如纳降，为万安之策。众谋士皆曰："子布之言，正合天意。"孙权沉吟不语。张昭又曰："主公不必多疑。如降操，则东吴民安，江南六郡可保矣。"孙权低头不语。

须臾，权起更衣，鲁肃随于权后。权知肃意，乃执肃手而言曰："卿欲如何？"肃曰："恰才众人所言，深误将军。众人皆可降曹操，惟将军不可降曹操。"权曰："何以言之？"肃曰："如肃等降操，当以肃还乡党，累官故不失州郡也；将军降操，欲安所归乎？位不过封侯，车不过一乘，骑不过一匹，从不过数人，岂得南面称孤哉！众人之意，各自为己，不可听也。将军宜早定大计。"权叹曰："诸人议论，大失孤望。子敬开说大计，正与吾见相同。此天以子敬赐我也！"

面对曹操率百万雄师的讨伐，是降曹还是抗曹？江东孙权属下大臣各自从自身的利益出发，选择投降曹操。因为大臣们投降曹操，依然可以凭借自己的能力谋求一官半职和俸禄，没有必要冒抗曹之战争风险。而孙权则不然，若降曹，则再不能称王。

由此可知，决定国王和下属大臣战略选择的核心因素是利益。

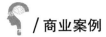 **商业案例**

家和公司的产能扩张战略：
外包还是自己建厂？

2003年，以生产板式家具为主的家和公司经营业绩节节攀升，销售形势喜人，随之而来的就是产能不足的问题。生产能力利用率已经超过100%（严重时超过120%），严重超负荷运转。超负荷运转不可避免地会给公司的各方面工作带来巨大的压力。如何快速、高效地实现产能的适度扩张是公司面临的重要问题。是采取外包加工还是公司自己投资建厂扩大产能？为此，公司专门召开由董事长、总经理和分厂厂长、各部门经理参加的"产能扩张决策讨论会议"。

首先，总经理说："大家都知道，目前公司的销售形势非常好，销售额月月攀升。销售网络的铺设全面展开，我们的经销商已经发展到了400多家。但现在生产线已超负荷运转，产能已经成了制约公司发展的瓶颈之一。今天就是请诸位来讨论公司产能扩张的问题。"

会议室里陷入了沉默，这实在是个迫切又棘手的问题。董事长首先打破了沉默，"我看应该加大外协量，外协比例可以提高到1∶1，这样产能可以得到快速提高。对于我们来说，只是减少了一部分利润：原来能挣两块钱，现在挣一块，但我们的量上去了。我也知道外协难做，但是我们要给外协厂信心，帮他们管理，我想外协还是比较有效的方式。"

董事长话音刚落，下面立即响起了一片议论声。营销总监高声说道："我不知道贺董事长1∶1的依据是什么。目前公司外协的比例已经很大了，管理上存在很多问题，外协件质量不稳定，客户投诉多。据我统计公司产品质量问题有六成来自外协，这已经给我们的销售工作以及公司形象造成了不良影响。如果再进一步扩大外协比例，很可能造成失控的局面。这对公司的稳定和发展是很大的隐患。"

生产部经理轻声地对坐在身边的两个分厂厂长说："现在的质量问题主要还是出在外协产品上，公司自主生产的产品质量还是比较好的。要是把外协比例提高这么多，质量上恐怕……"行政部经理说："外协这种方式有其自身的局限性，而且，对于这种模式我们还处在摸索阶段。这里面涉及很多的问题，各项管理制度的建设问题、管理人员的素质问题、管理的方法问题等。我们本身还没有形成一套成熟的运作模式，目前实际操作时还存在很多问题，现在就把外协比例提高到1:1，摊子铺得太大，容易造成失控。"

品质主管说："关于外协产品销售过程中出现质量问题时双方责任界定的问题，以及由哪一方来进行产品的返修、补件，也是我们和外协厂合作过程中经常出现的问题。对于工艺方面出现的问题，如油漆色彩不均这些明显的属于外协厂的责任，容易确定。但对于运输过程中出现的碰撞脱落等现象，就不那么容易判断了。目前，对外协厂生产过程的质量无法控制，对外协厂使用材料的质量好坏我们不清楚，工艺是否是依照我们制定的要求来做的，我们也不知道。这些都需要进一步改进。"

财务部钱经理说："公司目前的财务状况是很好的，公司从未进行过融资活动，流动资金也较充裕。如果自主投资建厂，资金上是可以保证的。由于公司近两年的良好发展，银行方面也多次表示愿意为公司提供贷款。"

两个小时很快过去了，基本上形成两种意见：一是董事长主张采取外包加工的策略扩大产能；二是绝大多数的部门经理主张公司投资建厂，扩大产能。为什么会出现不一致呢？会后，总经理又和主要部门经理、分厂厂长个别沟通，部门经理们说，他们来这家公司打工也十多年了，公司的发展、品牌的提升和销售网络的扩大，是大家一起奋斗出来的结果，现在公司产品的市场需求旺盛，如果外包，利益只是由公司老板和外包厂分享了，而我们这些为公司发展的奋斗者却得不到任何利益。如果是自己建厂，公司规模扩大了，公司发展成为集团，我们的职位都能够得到晋升，薪酬也会提升。这只是最基本的想法。如果公司能够进一步进行改革，实施员工持股，那更是我们的期望。

而老板的想法也很简单，通过加工外包解决产能不足，最大的好处是不需要承担投资风险，投资建厂需要投入设备等固定资产；现在市场需求是显著增长，但市场的发展是不稳定的，如果市场增长缓慢了，甚至下滑了，设备等固定资产的投资就可能面临损失。

由这个案例可以看出，职业经理人和老板各自对公司发展战略的选择，来自各自的利益。

所以，只有把老板和员工的精神利益和物质利益紧密地连在一起，才能够做到"上下同欲"，在战略意愿和战略行动上保持一致。而要把员工和老板的精神利益与物质利益紧密地连在一起，既需要共同价值观的建设，更需要公司利益分配制度的建设。

华为公司采取的是人人股份制、以奋斗者为本的激励机制，同时，采取严格的考核制度，实施末位淘汰机制，将末位淘汰融入日常绩效考核工作体系；并一直注重共同价值观的建设，树立"以客户为中心，以奋斗者为本，长期坚持艰苦奋斗"的核心价值观。奋斗这个词的含义是很丰富的，以奋斗者为本，不光是讲劳动者，也包含了投资者，投资者也是奋斗者，他把自己的钱拿出来，参与到这里面，他就要承担风险和责任。所以，奋斗包含这两个方面。这两个方面的目标是一致的，就是赚钱。⊖

华为公司总裁任正非说：我没有特别精湛的技术，只是提了一桶"糨糊"，把十八万员工粘起来一起奋斗！⊖任正非的"糨糊"包括"人人股份制"和"共同价值观"两种最为主要的黏合剂成分。

如果公司全体成员"上下同欲"，则能够在战略意愿和战略行动上保持一致，这是公司实现战略目标的基础保障。

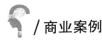/ 商业案例

华为的公司治理与人人股份制

（1）人人股份制。任正非说，华为崛起的秘密是"人人股

⊖ 黄卫伟主编.以奋斗者为本：华为公司人力资源管理纲要．北京：中信出版社，2014年版第21页。

⊖ http://www.lucaijing.com.cn/news/9760.html

份制"。在华为的股份结构中，任正非持股不到1.4%，其他股份由骨干员工持有。而且，华为的股份是"岗位股"，如果你离职，即将股份兑付现金给你；离开公司后，不能再继续持有华为股份。华为股份只给那些现在还在为华为效力的人。㊀有研究报道称，2008—2011年华为的股东权益回报率分别为21%、42%、40%、17%，如此高的分红，员工当然愿意与企业共同渡过难关。㊁任正非说："我的知识底蕴不够丰富，也不够聪明，但我容得了优秀的员工与我一起工作。真正聪明的是13万员工（2011年员工人数）及客户的宽容与牵引，我只不过是通过利益分享的方式，将他们的聪明才智粘合起来。"㊂人人股份制度，把华为从任正非的华为，变成了全体华为人的华为。㊃

（2）公司治理。㊄公司存在的唯一理由是为客户服务。多产粮食，增加土壤肥力是为了更有能力为客户服务。"以客户为中心，为客户创造价值"是公司的共同价值。权力是为了实现共同价值的推进剂和润滑剂。反之，权力不受约束，会阻碍和破坏共同价值守护。公司拥有完善的内部治理架构，各治理机构权责清晰、责任聚焦，但又分权制衡，使权力在闭合中循环，在循环中科学更替。

㊀ 王育琨.中国地头上的创造,商界评论,2012年第3期第60页。
㊁ 马才华,何云佳.员工持股计划研究,Communication of Finance and Accounting,2016年第26期第88-90页。
㊂ 任正非.一江春水向东流,中国经济与信息化,2012年第1期第89-90页。
㊃ 张建华.绕不过的"坎"与必须过的"桥",商界评论,2012年第3期第61页。
㊄ 来自华为投资控股有限公司2019年年度报告第112页。

公司在治理层实行集体领导，不把公司的命运系于个人身上，集体领导遵循共同价值、责任聚焦、民主集中、分权制衡、自我批判的原则。

公司坚持以客户为中心，以奋斗者为本，持续改善公司治理架构、组织、流程和考核，使公司长期保持有效增长。

华为投资控股有限公司是100%由员工持有的民营企业。公司通过工会实行员工持股计划，员工持股计划参与人数为104572人（截至2019年12月31日），参与人均为公司员工。员工持股计划将公司的长远发展和员工的个人贡献及发展有机地结合在一起，形成了长远的共同奋斗、分享机制。

任正非作为自然人股东持有公司股份，同时，任正非也参与了员工持股计划。截至2019年12月31日，任正非的总出资相当于公司总股本的比例约1.04%。

股东会和持股员工代表会。股东会是公司权力机构，由工会和任正非两名股东组成。

工会履行股东职责、行使股东权利的机构是持股员工代表会。持股员工代表会由115名持股员工代表组成，代表全体持股员工行使有关权利。2019年，持股员工代表会举行了一次会议，审议通过了董事会关于公司财务及经营情况的报告、监事会工作报告、年度利润分配方案、年度增资方案等。

持股员工代表和候补持股员工代表由享有选举权的持股员工选举

产生，任期五年。持股员工代表缺位时，由候补持股员工代表依次递补。

享有选举权的持股员工一股一票选举产生持股员工代表会，持股员工代表会一人一票选举产生公司董事会、监事会（见图6-2所示）。持股员工代表会及其选举产生的公司董事会、监事会对公司重大事项进行决策、管理和监督。

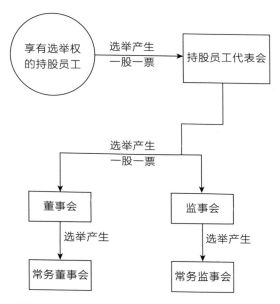

图 6-2　华为公司董事会与监事会选举产生程序

2019年1月，举行了第四届持股员工代表会选举，由86514名享有选举权的持股员工在全球416个投票点进行选举投票，按一股一票进行计票，产生了115名持股员工代表和18名候补持股员工代表。

从启动提名到完成选举历时近一年。为了体现持股员工代表广泛的覆盖面和代表性，特别是区域代表性和部门代表性，本次选举将公司各部门按照部门属性和业务属性划分为 9 个界别，每个界别设立 1 个提名小组，提名小组成员由各界别自行产生。各提名小组提出本界别的持股员工代表候选人初始名单，通过候选人自我陈述，对候选人开展个人考察，并经一定层级的管理者和专家推选等多轮

讨论、酝酿、收敛，由初始名单 500 多人逐步收敛形成正式候选人名单 100 多人，最后提交全体享有选举权的持股员工投票选举。

6.3 知彼知己，知天知地的情报网络：最基本的战略保障

战争关系到国家的生死存亡，所以，必须做到先知与全知，才能做出真实、准确的战略分析和明智的战略决策，从而立于不败之地。而战争的发展是复杂多变的，多"算"与少"算"也是随着战争环境的变化而不断变化的，能因敌变化而取胜的基础条件是时刻做到"知彼知己，知天知地"，因此，"知彼知己，知天知地"的情报，是取得胜利的最基本的战略保障。

1. 情报的重要性

（1）成功出于众者，先知也

孙子曰："凡兴师十万，出征千里，百姓之费，公家之奉，日费

千金；内外骚动，怠于道路，不得操事者七十万家。相守数年，以争一日之胜，而爱爵禄百金，不知敌之情者，不仁之至也，非人之将也，非主之佐也，非胜之主也。故明君贤将，所以动而胜人，成功出于众者，先知也。先知者，不可取于鬼神，不可象于事，不可验于度，必取于人，知敌之情者也。（《孙子兵法·用间篇》）"王晳曰：先知敌情，制胜如神也。㊀

孙子说的这段话，有两点非常重要：

第一，在获取情报上，要舍得花钱。在信息、情报上吝啬，不肯投入，不肯花钱的领导，是个非常糟糕的领导，是对公司、对员工都不仁爱的领导，是不能取得良好绩效的领导。

第二，准确的情报一定要通过了解实际情况的人那里获得，通过实际侦察、观察等可靠渠道获得，不可以通过自己的经验来推测，不可以完全相信使用回归分析做出的预测，也不可以盲目听信专家。

（2）战争耗费巨大，勿惜金钱获情报

曹操曰：古者，八家为邻，一家从军，七家奉之，言十万之师举，不事耕稼者七十万家。李荃曰：古者发一家之兵，则邻里三族共资之。是以不得耕作者七十万家，而资十万之众矣。梅尧臣曰：相守数年，则七十万家所费多矣，而乃惜爵禄百金之微，不以遗间钓情报取胜，

㊀【春秋】孙武撰，曹操等注，杨丙安校理. 十一家注孙子，北京：中华书局，2012年版第257页。

是不仁之极也。⊖

战争耗费如此之大，若因情报缺失而战败，实在是极大的罪过；因此，要不惜金钱等各种奖励措施及时获得准确的情报。

2. 先知与全知——情报的及时与全面

"故曰：知彼知己者，百战不殆；不知彼而知己，一胜一负；不知彼，不知己，每战必殆。《孙子兵法·谋攻篇》）"

如果"知彼知己"，量力而动，就不至于"失败"，但未必胜利，不殆是不至于有危险，"殆"是危险。如果"不知彼而知己"，胜利与失败的概率各为50%。若"不知彼，也不知己"，则每战都会有失败的"危险"，或者说都有可能失败。

孙子曰："知吾卒之可以击，而不知敌之不可击，胜之半也；知敌之可击，而不知吾卒之可以击，胜之半也；知敌之可击，知吾卒之可以击，而不知地形之不可以战，胜之半也。故知兵者，动而不迷，举而不穷。故曰：知彼知己，胜乃不殆；知天知地，胜乃不穷。（《孙子兵法·地形篇》）"

孙子论述了"四知"即"知彼知己，知天知地"和取得战争胜利的关系。

（1）如果不考虑天气、地理条件对战争胜负的影响，只考虑敌

⊖ 【春秋】孙武撰，曹操等注，杨丙安校理.十一家注孙子，北京：中华书局，2012年版第256-257页。

我（彼和己）双方军事实力的话，则：①只了解我军的实力（知己），而不了解敌军的实力（不知彼），取胜的可能性只有一半；②只了解敌军的实力（知彼），而不了解我军的实力（不知己），取胜的可能性也只有一半。

（2）如果同时考虑彼、己、天、地四种影响，则：了解敌军的实力（知彼），也了解我军具有攻击敌人的实力（知己），但是却不了解地形不利于我军作战（不知天、不知地），取胜的可能性也只有一半。

所以，真正懂得打仗的将领，是绝对不会盲目行动的，行动策略会根据敌我情况和战场环境的变化而变化。

所以，孙子认为，只有做到"知彼知己，知天知地"，才能取得全胜。

孙子认为，成功在于"先知"与"全知"。时刻要抢先于竞争对手获取情报，全面掌握情报。只有及时全面地掌握情报，才知道是否可以出兵作战，乃至不战而屈人之兵。

要想先知先觉，全知全觉，就需要建立"知彼知己，知天知地"的情报网（见图6-3所示）。

图6-3中线路标注的数字，其含义为：

①、②、③知彼，及时了解掌握彼$_1$、彼$_2$……彼$_n$有关情报（春秋末期的战争，常常会涉及多个诸侯国，所以，"彼"为n个）。

对于商业竞争，公司也是面临多个竞争对手（彼$_n$），也同样需要了解掌握多个竞争对手的有关竞争情报。

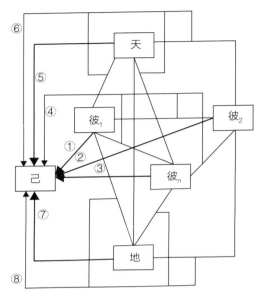

图 6-3 "知彼知己,知天知地"的情报网

④知彼,及时了解掌握彼$_1$与彼$_2$及彼$_n$之间的战略动态关系。在商业竞争中,需要及时了解掌握主要竞争对手之间的战略关系。

⑤知天,及时了解掌握天气、气候的变化对自己一方的影响。在商业竞争中,需要及时了解市场信息和影响市场的政治、经济、社会环境等因素对自己的影响。

⑥知天,及时了解掌握天气、气候对彼方的影响。在商业竞争中,要了解市场信息、政治和经济等因素对竞争对手的影响。

⑦知地,及时了解掌握战场远近、险易、广狭,死地还是生地等地理因素对自己一方的影响。在商业竞争中,要及时了解原材料等资源的采购、供应等竞争情报及对自己的影响。

⑧知地，及时了解掌握战场远近、险易、广狭，死地还是生地等地理因素对彼方的影响。在商业竞争中，要及时了解原材料等资源的采购、供应等竞争情报及对彼方的影响。

在商业竞争中，竞争情报将直接影响企业的命运。据统计，美国90%的公司均拥有自己的竞争情报机构；全球500强企业中，几乎所有企业都设有专门的情报部门，其中95%以上的企业建立了比较完善的竞争情报系统。㊀竞争情报与企业的发展息息相关，全面、准确、及时的竞争情报能使企业在瞬息万变的市场竞争中抢得先机，从而立于不败之地。㊁

竞争情报对企业赢得竞争是最为核心的基础性保障因素，企业必须建立完善的"知彼知己，知天之地"的情报系统。

3. 五间：情报的获取渠道

孙子曰："故用间有五：有因间，有内间，有反间，有死间，有生间。五间俱起，莫知其道，是谓神纪，人君之宝也。《孙子兵法·用间篇》）"

（1）因间

孙子曰："因间者，因其乡人而用之。（《孙子兵法·用间篇》）"

㊀ 范杜娟.竞争情报对企业发展的作用，科技信息，2009年第16期第704页。
㊁ 吴岭梅.竞争情报与企业发展，杭州科，2002年第2期第29-30页。

张预曰：因间当为乡间。杜佑曰：因敌乡人，知敌表里虚实之情。杜牧曰：因敌乡国之人，而厚抚之，使为间也。后续的注释基本上都为"乡人"。

《孙子兵法》中的"乡人"，不是乡里的普通人，而是春秋时期的地方官"乡大夫"的略称。乡大夫这种官，诸侯各国都有设置，齐国称之为"乡良人"，宋国称之为"乡正"。《周礼·地官·乡大夫》称乡大夫为"掌一乡之政"，地位在司徒和乡吏之间，确实是一官。㊀

战争中，常常威逼利诱敌占区的地方官、乡绅、富豪、帮派头目等作为向导、内应，或公开身份或隐蔽身份起到间谍作用。

在商业上，外商可以通过利诱东道国的地方官、协会与学会组织及其他能够便于了解东道国行业信息以及竞争对手数据的人或机构等为其提供有价值的信息数据。这些人，常常起到了"因间"的作用。

（2）内间

孙子曰："内间者，因其官人而用之。(《孙子兵法·用间篇》)""官人"不是"官吏"，而是"舍人"的别称。这是因为，"官"字是"馆"字的古文，而"馆"字也就是"舍"字，因此，"官人"即"馆人"，也就是"舍人"。杜预注曰：馆人，谓守舍人。舍人，乃是王公贵族身边的随从或亲信、贴身服侍等。这些人有接近中枢或参与机密等种

㊀ 刘彪.《孙子兵法》注释商榷八则，教学与研究.1979年第5期第49-52页。

种特殊条件，因而，有可能被敌方物色为"内间"。

现代商业社会中的内间，大致有如下四种：①公司高层管理者身边的人；②公司中有才能但不被重用或从高位降职者；③打算离开公司而另求高就者；④大学或咨询机构等有可能被利用为内间。

（3）反间

孙子曰："**反间者，因其敌间而用之。**（《孙子兵法·用间篇》）"所谓反间，就是收买、利用敌方派来的间谍为我所用。

孙子曰："**必索敌人之间来间我者，因而利之，导而舍之，故反间可得而用也。因是而知之，故乡间、内间可得而使也；因是而知之，故死间为诳事，可使告敌。因是而知之，故生间可使如期。五间之事，主必知之，知之必在于反间，故反间不可不厚也。**（《孙子兵法·用间篇》）"

必须搜查出前来侦察我军的敌方间谍，重金收买，引诱开导，为我所用，然后放他回去，这样"反间"就可以为我所利用了；通过反间了解敌情，这样"乡间"和"内间"就可以为我所用了；通过反间了解敌情，就可以使"死间"传递假情报给敌人；通过"反间"了解敌情，就可以使"生间"按照预定时间回报敌情。五种间谍的使用，君主都必须掌握，了解敌情关键在于"反间"，所以，"反间"的待遇不能不特别优厚。

在五种间谍中，"反间"也许是最为重要的。"反间"对其他几种间谍起着"连针"作用，因为"反间"为敌人所信任，可接触到敌人机密，并能够及时联络其他几种间谍，且能够协助其他间谍进行渗透，把情报及时传递回来。利用"反间"，也存在很大的风险，因此，孙子认为，一定要"厚待""反间"。

"反间"也常被称为"双重间谍"。现代商业社会中，起到双重间谍作用的个人和组织也很多。比如：①行业资讯、咨询、服务机构；②商业私人侦探；③新闻媒体等。

（4）死间

孙子曰："**死间者，为诳事于外，令吾间知之，而传于敌间也。**（《孙子兵法·用间篇》）"杜佑曰：作诳诈之事于外，佯漏泄之，使吾间知之。吾间至敌中，为敌所得，必以诳事输敌，敌从而备之。吾所行不然，间则死矣。

故意将虚假情报泄露给敌人，若当即被揭穿或事后验证为虚假，则送虚假情报者会被处以重罚。

在商业中，通过自己公司的某些高级或重要职员将虚假情报透漏给竞争对手，以达到误导竞争对手的目的，这样的事也屡见不鲜。

（5）生间

孙子曰："**生间者，反报也。**（《孙子兵法·用间篇》）"所谓生间，就是能够亲自回来报告敌情的间谍。杜佑曰：择己有贤材智谋，能自开通于敌之亲贵，察其动静，知其事计，彼所为己知其实，还以报我，故曰生间。杜牧曰：往来相通报也。生间者，必取内明外愚，形劣心壮，趫捷劲勇，闲于鄙事，能忍饥寒垢耻者为之。

在商业中，"生间"是指一个暂时脱离公司工作的人到竞争对手的公司工作几年后，再回到原来公司工作的人。人才召回制，常常都起到了"生间"的作用。

4. 战场上的32种相敌方法

《孙子兵法·行军篇》中提出了32种相敌法，即在战场上收集判断敌人情报的32种方法，主要是根据敌人外在表现、敌人内部表现和客观现象三方面分析判断敌人的状况、动因。

孙子曰："①敌近而静者，恃其险也；②远而挑战者，欲人之进也；③其所居易者，利也；④众树动者，来也；⑤众草多障者，疑也；⑥鸟起者，伏也；⑦兽骇者，覆也；⑧尘高而锐者，车来也；⑨卑而广者，徒来也；⑩散而条达者，樵采也；⑪少而往来者，营军也；⑫辞卑而益备者，进也；⑬辞强而进驱者，退也；⑭轻车先出居其侧者，陈也；⑮无约而请和者，谋也；⑯奔走而陈兵者，期也；⑰半进半退者，诱也；⑱杖而立者，饥也；⑲汲而先饮者，渴也；⑳见利而不进者，劳也；㉑鸟集者，虚也；㉒夜呼者，恐也；㉓军扰者，将不重也；㉔旌旗动者，乱也；㉕吏怒者，倦也；㉖粟马肉食，军无悬甀，不返其舍者，穷寇也；㉗谆谆翕翕，徐与人言者，失众也；㉘数赏者，窘也；㉙数罚者，困也；㉚先暴而后畏其众也，不精之至也；㉛来委谢者，欲休息；㉜兵怒而相迎，久而不合，又不相去，必谨察之。

(《孙子兵法·行军篇》)"

这32种相敌方法，在冷兵器或常规武器战争中，对于侦察与分析、判断敌情，具有极高的指导价值。

在现代商业竞争中，企业也要经常做市场调查，充分运用大数据，分析判断竞争情报、商业信息，以利于科学、快速地做出决策。

5. 间谍人员培养、任用与激励

孙子曰："**故三军之事，莫亲于间，赏莫厚于间，事莫密于间。非圣智不能用间，非仁义不能使间，非微妙不能得间之实。**（《孙子兵法·用间篇》）"

孙子认为，在军队的亲密关系中，没有比间谍更亲信的，奖赏没有比间谍更优厚的，事情没有比用间谍更机密的。不是英明睿智的将帅不能使用间谍；不是仁慈慷慨的将帅也不能使用间谍；不是用心精细、手段巧妙的将帅，不能取得间谍的真实情报。

孙子曰："**昔殷之兴也，伊挚在夏；周之兴也，吕牙在殷。故惟明君贤将，能以上智为间者，必成大功。此兵之要，三军之所恃而动也。**（《孙子兵法·用间篇》）"

商朝的兴起，是由于重用了在夏为臣的伊尹；周朝的兴起，是由于重用了在殷为官的姜子牙。所以，明智的国君、贤能的将帅，能用极有智谋的人做间谍，一定能成就大的功业。这是用兵作战的重要一着，整个军队都要依靠间谍提供情报而采取行动。

对于情报人员，需要遴选睿智聪颖的人进行专业知识学习、专业技能训练，同时，还需要进行一定广度的知识与技能训练；对情报人员要给予充分的信任和采取有效的激励措施。

今天先进国家的情报系统所拥有的各种专家多得不可胜数。因此，孙子主张"以上智为间"实乃一种超时代的远见。良好的情报体系，优秀的情报人才，实为国家安全的必要基础。

在现代的信息经济时代，企业更应该注重信息收集、信息系统与情报管理，特别应该注重信息前馈（预见）和信息反馈系统的建设与管理。

信息是第一重要的资源，信息不灵、信息不及时、信息非有效利用等都将造成企业如盲人骑瞎马；及时挖掘、把握、正确使用信息，将是战略实现的第一资源保障。第一是信息，第二是信息，第三还是信息。

6.4 组织与资源：最关键的战略保障

1. 组织保障

战略计划的实施与战略目标的实现，需要强有力的组织与适宜且稳定的制度作为第一支持与保障；失去了有效的组织和切实、稳定的制度，战略就是空谈！

（1）战争研究组织化

孙子曰："兵者，国之大事，死生之地，存亡之道，不可不察也。（《孙子兵法·计篇》）"

一个国家必须时刻保持战争意识，为防范战争的发生和有效应对战争，必须有组织、有计划地保持对战争的持续研究。

一个公司也必须认真研究竞争。伴随着公司的逐步发展壮大，也将面临更多的竞争，由此，需要有计划、有组织地进行市场调查、战略研究，及时掌握竞争情报，做出切合实际的战略决策。

（2）确立"不战而屈人之兵"为基本国策

不战而屈人之兵，善之善者也。确立"不战而屈人之兵"为立国之本和基本国策。不战而屈人之兵的根本就是，创新！创新！再创新！所以，一个国家要把创新发展作为基本国策。

在商业竞争中，企业最为核心的战略就是创新。只有持续的技术创新，才能取得与保持持续的竞争优势。

2. 资源保障

孙子认为，战争成本非常高昂，如果兴师十万，出征千里，武器装备、军需粮草等各项杂费，开销巨大；百姓的耗费，国家的开支，每天要花费千金，国家内外动荡不安，民众服徭役，疲惫于道路，不能安心从事耕作的有七十万家。

孙子曰："是故军无辎重则亡，无粮食则亡，无委积则亡。（《孙子兵法·军争篇》）"

曹操曰：无此三者，亡之道也。杜牧曰：辎重者，器械及军士衣装；委积者，财货也。李筌曰：无辎重者，阙所供也。袁绍有十万之众，魏武焚烧绍辎重，而败袁绍于官渡。是以善用兵者，先耕而后战。无委积者，财乏阙也。张预曰：无辎重则器用不供，无粮食则军饷不足，无委积则财货不充，皆亡覆之道。[1]

战争不仅仅大量消耗物资资源，还需要大量的人力资源。包括兵员的补充、各种辅助的人力资源等。

就军事战争而言，从爆发到结束，总是有期限的。相对于军事战争而言，企业从创立到长期发展，一直处于竞争的状态之下，与军事战争相比，商业竞争是漫长的，甚至是无止境的。因此，持续发展的企业，需要不断地为提升企业自身的竞争力而补充资源，资源是企业竞争与发展的基础性保障。

---

[1] 【春秋】孙武撰，曹操等注，杨丙安校理．十一家注孙子，北京：中华书局，2012年版第126页。

第 7 章
孙子兵法商业战略理论模型

凡用兵之法，全国为上，破国次之；全军为上，破军次之；全旅为上，破旅次之；全卒为上，破卒次之；全伍为上，破伍次之。是故百战百胜，非善之善者也；不战而屈人之兵，善之善者也。

——《孙子兵法·谋攻篇》

夫未战而庙算胜者，得算多也；未战而庙算不胜者，得算少也。多算胜，少算不胜，而况无算乎？吾以此观之，胜负见矣。

——《孙子兵法·计篇》

7.1 基于《孙子兵法》的商业战略理论框架

1. "知彼知己,知天之地"的战略分析

孙子曰:"故经之以五事,校之以计,而索其情:一曰道,二曰天,三曰地,四曰将,五曰法。故校之以计而索其情。曰:主孰有道?将孰有能?天地孰得?法令孰行?兵众孰强?士卒孰练?赏罚孰明?吾以此知胜负矣。(《孙子兵法·计篇》)"

孙子认为,"道、天、地、将、法、兵众、士卒、赏罚"八个要素是决定战争胜负的战略要素。在商业竞争中,孙子所提出的八个战略要素分别对应为:①公司凝聚力;②公司总经理的能力;③市场营销能力;④资源采购能力;⑤组织管理能力;⑥软硬技术能力;⑦员工素质;⑧激励机制。

孙子曰:"夫未战而庙算胜者,得算多也;未战而庙算不胜者,得算少也。多算胜,少算不胜,而况于无算乎?吾以此观之,胜负见矣。(《孙子兵法·计篇》)"

孙子的"庙算"是战前的纯净评估,即对孙子提出的决定战争胜

负的八个战略要素进行得分评估。分数多的就会胜利，分数少的就不能胜利。通过对战争双方八个战略要素的比较，即可知道双方的胜负，即多算胜，少算不胜。

在比较战争或竞争双方的八个战略要素时，还需要考虑数量上的多少。

同时，由于战争是动态的，是不断变化着的，双方的"算"也是不断变化着的；所以，要时刻做到"**知彼知己，知天知地**"，才能够时刻把握双方的算筹，推断出自己这一方是否具有胜算，在什么条件下或采取什么战略行动才能提高"胜算"。

"**多算胜，少算不胜，而况于无算乎？（《孙子兵法·计篇》）**"多算的"多"是相对多，而非绝对多。所以，在竞争中，我们要通过缜密的调查分析，寻找在什么行业、什么市场、什么商业环境下，我们能够具有"多算"，或选择什么策略与策略组合的战略行动，才具有"多算"。

2. "不战而胜"的战略规划

战略制定，首先是战略目标的制定。孙子曰："**凡用兵之法，全国为上，破国次之；全军为上，破军次之；全旅为上，破旅次之；全卒为上，破卒次之；全伍为上，破伍次之。是故百战百胜，非善之善者也；不战而屈人之兵，善之善者也。（《孙子兵法·谋攻篇》）**"

《孙子兵法》在战略上的最高追求是"不战而屈人之兵"，并且提出了从国家层面到班组层面的全胜战略目标体系；对于商业组织而言，就是从公司层面到班组层面的全胜战略目标体系；即以"不战而胜"为总目标的战略目标体系。

在商业竞争中的"不战而胜"就是不以恶性的价格战而取得胜利！

孙子曰："凡先处战地而待敌者佚，后处战地而趋战者劳，故善战者，致人而不致于人。（《孙子兵法·虚实篇》）""主不可以怒而兴师，将不可以愠而致战。……怒可以复喜，愠可以复悦，亡国不可以复存，死者不可以复生。故明君慎之，良将警之，此安国全军之道也。（《孙子兵法，火攻篇》）" 即"主动"和"慎重"是战略决策与战略行动的基本战略原则。

孙子曰："夫兵形象水，水之形，避高而趋下，兵之形，避实而击虚。水因地而制流，兵因敌而制胜。故兵无常势，水无常形，能因敌变化而取胜者，谓之神。（《孙子兵法·虚实篇》）" 由于战争环境的复杂多变，要想赢得战争，必须灵活善变。因此，要制定以"不战而胜"为战略目标，以"道"为核心的八个战略要素的动态战略规划。

3."以正合，以奇胜"的战略行动

尽管我们进行了切实的调查和缜密的分析，制定了具有可实施性的战略方案，但是，我们无法控制竞争对手及复杂环境的变化，所以，我们在行动前，尚且需要对我们的战略方案进行可行性评估。孙子提出了"五胜"战略评估模型，而战略方案的调整或修订，需要适时评估，

因此，战略评估需要"知彼知己，知天知地"的情报网的支撑与保障。

在对竞争力和战略方案进行切实评估后，要做出战略选择和战略部署，采取避实击虚，以镒称铢，以正合，以奇胜，以迂为直等策略或策略组合的战略行动，实现战略目标。

本书只讨论了基于《孙子兵法》的十几种策略，事实上，《孙子兵法》的策略是变化无穷的。孙子曰："凡战者，以正合，以奇胜。**故善出奇者，无穷如天地，不竭如江河。……战势不过奇正，奇正之变，不可胜穷也。奇正相生，如循环之无端，孰能穷之？**（《孙子兵法·势篇》）"

4. "令之以文，齐之以武"的战略控制

为了顺利实现战略目标，必须使我们的战略行动不偏离战略目标。那么，如何控制我们组织的全体成员，在战略行动上保持一致呢？

孙子曰："**故令之以文，齐之以武，是谓必取。**（《孙子兵法·行军篇》）"

令之以文，对于公司而言，就是公司共同价值观的培育、建设，以共同价值观和共同目标凝聚全体员工；齐之以武，就是公司制度的建设，以制度规范全体员工的行为，协调统一员工的战略行动。

5. "上下同欲"的战略保障

孙子曰："**将者，智、信、仁、勇、严也。**（《孙子兵法·计篇》）"

梅尧臣注曰："智能发谋，信能赏罚，仁能附众，勇能果断，严能立威。"[①] "夫将者，国之辅也。辅周，则国必强；辅隙，则国必弱。（《孙子兵法·谋攻篇》）" "故知兵之将，生民之司命，国家安危之主也。（《孙子兵法·作战篇》）" "善用兵者，屈人之兵而非战也。（《孙子兵法·谋攻篇》）"

五德兼备的将帅是实现"不战而胜"战略目标的第一保障，对国家安全非常重要，是国家安全的基石。

孙子曰："故知胜有五：知可以战与不可以战者胜；识众寡之用者胜；上下同欲者胜；以虞待不虞者胜；将能而君不御者胜。此五者，知胜之道也。（《孙子兵法·谋攻篇》）"孙子认为，"上下同欲"是实现"不战而胜"战略目标的核心保障。孙子曰："道者，令民与上同意也，故可以与之死，可以与之生，而不畏危。（《孙子兵法·计篇》）"就是指让"民众与国王一条心"，即保持在意愿和行为上的一致性。就是我们常说的："心往一处想，劲往一处使"和"步调一致"。

孙子曰："知彼知己，胜乃不殆；知天知地，胜乃不穷。（《孙子兵法·地形篇》）"建立有效的"知彼知己，知天知地"的战略情报系统，是实现"不战而胜"战略目标的基本战略保障。

孙子曰："是故军无辎重则亡，无粮食则亡，无委积则亡。（《孙

[①] 【春秋】孙武撰，曹操等注，杨丙安校理.十一家注孙子，北京：中华书局，2012年版第9页。

子兵法·军争篇》）"资源是企业竞争与发展的基础性保障。

上述五部分内容的关系为：

战略分析是战略方案制定与战略行动策略的前提，通过"知彼知己，知天知地"的战略分析，可以清楚地知道自己和竞争对手相比之下的竞争力，根据竞争力的大小，制定"不战而胜"的战略规划方案；根据竞争力分析结果和战略规划方案，做出实现"不战而胜"战略目标的"以正合，以奇胜"的战略部署和行动策略；为顺利实现"不战而胜"的战略目标，必须保证战略行动不偏离战略目标，所以，要对战略行动进行"令之以文，齐之以武"的战略控制和"上下同欲"的战略保障。

按照这样的逻辑关系，将五部分内容连接起来，构成了"基于《孙子兵法》的商业战略理论框架模型"（见图7-1所示）。

7.2 《孙子兵法》的战略精髓："多"算、"不"战、"全"胜

"**多**"**算**，是相对"多"，而非绝对"多"；即在竞争中，己方投入的竞争力相对于竞争对手多，并非一定是整体竞争力或公司竞争力的总和。所以，我们要在"知彼知己，知天知地"的基础上，推断出在什么条件下、采取什么战略行动时，我们的竞争力最大，即"**多**"**算**。

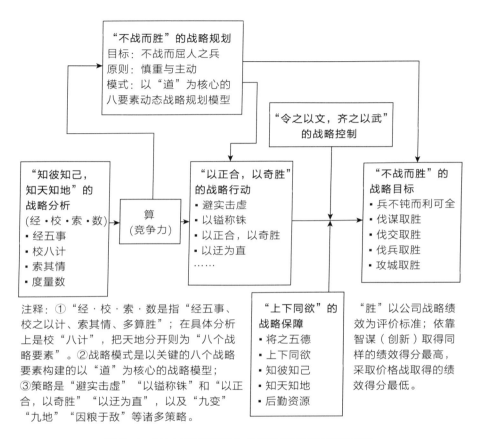

图 7-1　基于《孙子兵法》的商业战略理论框架模型

"不"战，是尽最大努力创造条件、寻找条件，选择有效策略和策略组合，最大限度地不打价格战，或避免陷入长期价格战；与竞争对手友好竞争，共同发展。

"全"胜，是最大限度地追求全胜。"全"与"破"是两个相对的概念；"全"的意思是完整而无任何损毁；而"破"的意思是造成无可避免甚至是无法补救的损毁、破坏！因此，"全"胜，是在保全自己的正常生存与发展绩效的同时，也不影响竞争对手的生存与发展，承担社会责任，保护环境，实现可持续发展。

因此，我认为，《孙子兵法》战略思想之精髓，可以总结成六个字，即："多"算、"不"战、"全"胜。见图7-2所示。

图7-2 孙子兵法不战而胜之战略概要

"多"算才能"不"战，"不"战才能"全"胜，才能走向和谐、可持续发展之路。

孙子曰："兵者，国之大事，死生之地，存亡之道，不可不察也。（《孙子兵法·计篇》）"

竞争是关系企业生存与发展的大事，不能不认真研究！

后　记

　　1994年，我在原化学工业部光明化工研究院做高级工程师，那时，我响应大连市政府号召，被研究院指派为科技扶贫的干部委派下乡，创建大连光大精细化工实业有限公司并担任总经理职务。做总经理期间，我对战略管理理论几乎是无知的，虽然也参加过一些短训班和阅读过一些书，最多也只能算是一知半解。我特别想学习管理理论知识，来指导自己的工作实践。于是，我通过硕士期间的同学联系到被誉为中国管理学泰斗的南开大学商学院陈炳富先生。我满怀崇敬的心情去拜访陈炳富先生，非常真诚地向先生表达了我渴望学习战略管理知识和攻读博士学位的愿望；先生也给我介绍了考取博士的程序与课程准备和先生的研究方向。那时，我知道先生为他的博士研究生讲授《孙子兵法》与战略管理课程，先生鼓励我认真准备，争取考出好成绩！我记得，从先生家出来，我就到南开大学八里台校门口对过的高教书店，买了一本周亨祥注释的、贵州人民出版社出版的《孙子全译》，从那时起，我开始读《孙子兵法》。

1996年9月，我非常幸运地考取了陈炳富先生的博士研究生。入学后，先生给我们上《孙子兵法》与战略管理课程，这门课程是72学时，4学分，上两个学期，每周六一次，每次课由2名同学导读"孙子兵法"，然后大家讨论，讨论时若有不懂或困惑的地方，由先生解答。由于我没有管理学专业背景，所以，学习《孙子兵法》就特别起劲，经常是早晨读《孙子兵法》，睡觉前也读《孙子兵法》，几乎每天都会读读《孙子兵法》，逐渐养成了习惯。

　　1999年我博士毕业后，到大连理工大学管理学院做教师，主要给MBA学生讲技术经济学等课程。开始讲《孙子兵法》战略应该说是一个偶然的机缘，记得1999年9月中旬的一个下午，3点多了，培训中心主任急匆匆地到办公室来找我说："陈老师，请你帮个忙。你不是学过《孙子兵法》嘛，去给我们今天开班的学员讲讲《孙子兵法》。"我说："我也没有准备，怎么讲啊？"主任说："没问题的，你是专门学过的，肯定没问题。"就这样，我就开始了孙子兵法战略的讲座，没想到，我站在讲台上讲起孙子兵法战略，大脑非常活跃、兴奋，学员们也非常专注地听，两个小时的讲座结束时，赢得了学员们的热烈掌声。这可谓是开门红，没过多久，我就被辽河油田物探公司邀请去讲孙子兵法战略，再后来，又在大连理工大学管理学院的部分MBA教学点给MBA学生做孙子兵法战略讲座，以及受邀给一些企业做讲座。

　　2001年我到上海交通大学安泰经济与管理学院任教至今，给上海交通大学 MBA 学生开设孙子兵法战略选修课，也为本科生和博士研究生开设过孙子兵法战略课程；为上海国家会计学院管理培训班和荷兰商学院上海中心 DBA 讲授孙子兵法商业战略课程；期间，还为东方航空公司、五粮液集团、上药集团、信宜药业、上海纺织集团、长城铝业等数百家企业讲授过孙子兵法商业战略。2010—2011 年年间，我在新加坡南洋理工大学做访问教授，除了给交大与南洋理工大学合作的 MBA 教学点的学生讲授孙子兵法战略外，也曾受新加坡中华总商会邀请，给 300 多名企业家做孙子兵法战略讲座等。

如果从 1999 年算起，我开始讲授孙子兵法战略也已经有 20 多年了，听过我讲孙子兵法战略的学生和企业界人士可谓数以千计。

伴随着教学，我开始对孙子兵法战略理论进行系统研究，采取的研究方法是案例研究为主，对于竞争力分析等问题，也采取过设计量表、调查问卷统计分析的实证研究方法，我有时也会利用给企业做讲座的时机做调查问卷和访谈企业家。也有很多灵感，来自课堂内外和学生、企业家的讨论。为了做好教学，讲清楚孙子兵法的战略思想，我需要不断地、仔细阅读《孙子兵法》以及 2000 多年来注释家的注释，阅读《史记》和武经七书中的其他书籍，以及《孙膑兵法》《春秋左氏传》等历史书籍；同时，还需要阅读现代中外《孙子兵法》研究者的著作和文章，以及国内外战略管理著作与学术文章。

二十多年来，从咬文嚼字地阅读《孙子兵法》，努力领悟孙子原意，再到企业实践中调查研究，然后再回读《孙子兵法》，不断地反复，构建出本书所提出的基于《孙子兵法》战略思想的商业战略理论框架。我不敢说所构建的孙子兵法商业战略理论具有多大的创新，但这个大战略系统理论框架确实是在对《孙子兵法》熟读深思、扎根于企业战略管理实践的基础上提出的，并为广大 MBA 学生和企业家所理解、掌握与运用。当然，我所提出的理论一定存在不足或瑕疵，更需要发展。依我单薄之力是难以发展的，所以，我想出版这本书，以期抛砖引玉，促进孙子兵法战略思想在商业战略领域中的应用发展。

这本著作得以完成，首先感谢我的恩师陈炳富先生，是恩师把我带入孙子兵法战略思想圣坛，没有恩师的指引，我不会走向孙子兵法战略的研究，在我开始孙子兵法战略的教学与研究的过程中，还曾得到恩师的指点。

非常感谢上海交通大学安泰经济与管理学院的 MBA 学生，他们不惜投入 250 积点（选修单门课程的最高筹码点数）抢选孙子兵法战略课程，上课积极热情，在课堂讨论、个人与小组作业研究中给了我许多启发与激励；我的调查研究，他们给予我很多帮助。也非常感谢听过我讲孙子兵法战略课程的所有学生、企业家和经理们，谢谢大家对我的鼓励和支持！没有学生和企业界人士的大力支持，我是很难进行孙子兵法商业战略的研究并坚持完成这本著作的。

愿这部《孙子兵法商业战略》能够为更多读者带来启发！

陈德智
2020 年 12 月于上海交通大学